GRACIAS POR CONFIAR EN COLEX

Disfrute gratuitamente **DURANTE UN AÑO** de los eBook, audiolibros y Colex Copilot de las obras de Editorial Colex*

ACTIVA TU CÓDIGO PARA ACCEDER A LOS SERVICIOS

1. Accede a **www.colex.es**.

2. Inicia sesión o regístrate como usuario.

3. Dirígete al menú de usuario y haz clic en **«Mis códigos»**.

4. Introduce el siguiente código **(RASCA PARA VER EL CÓDIGO)**:

◆ Una vez se valide el código, aparecerá una ventana de confirmación y su eBook / audiolibro / Colex copilot estarán activos **durante 1 año desde su activación** en la pestaña «Mis libros» en el menú de usuario.

* Los audiolibros están disponibles en las ediciones más recientes de nuestras obras. Se excluyen expresamente las colecciones «Códigos comentados», «Biblioteca digital» y los productos de www.vademecumlegal.es. Colex Copilot únicamente está disponible en las ediciones más recientes de las colecciones «Paso a paso» y «Vademecum».

No se admitirá la devolución si el código promocional ha sido manipulado y/o utilizado.

¡Gracias por confiar en nosotros!

La obra que acaba de adquirir incluye de forma gratuita la versión electrónica.

Acceda a nuestra página web para aprovechar todas las funcionalidades de las que dispone en nuestro lector.

Funcionalidades eBook

Acceso desde cualquier dispositivo con conexión a internet

Idéntica visualización a la edición de papel

Navegación intuitiva

Tamaño del texto adaptable

Síguenos en:

NUEVA FUNCIONALIDAD CON INTELIGENCIA ARTIFICIAL EN LOS LIBROS DE COLEX

| Una cortesía de Iberley.es |

En Colex damos un paso más en innovación jurídica. Desde ahora, las guías «Paso a paso» y los «Vademecum» incorporan una nueva funcionalidad basada en **inteligencia artificial**, gracias a la tecnología de **Iberley IA**.

El lector podrá interactuar directamente con el contenido del libro de forma inmediata, útil y centrada exclusivamente en su materia.

☑ **¿Qué puede hacer el usuario en el libro?**

- 💬 Realizar preguntas sobre el contenido del libro.
- 📚 Solicitar explicaciones de artículos, conceptos o normativa.
- ✳ Utilizar un ChatBot inteligente, contextualizado y acoplado al contenido legal del libro.
- 💡 Resolver dudas puntuales mientras se estudia o trabaja con la obra.

☒ **¿Qué no puede hacer esta versión del ChatBot?**

- ✗ No permite generar escritos jurídicos.
- ✗ No analiza ni responde documentos externos.
- ✗ No responde a consultas de otras materias distintas a la del libro.

Esta herramienta está pensada para enriquecer la experiencia de lectura y consulta del libro. Su uso es exclusivo sobre su contenido.

¿QUIERES IR MÁS ALLÁ? DESCUBRE IBERLEY IA

Si necesitas una **solución avanzada de inteligencia legal**, con cobertura total de materias y documentos, entra en **www.iberley.es** y accede a todas las funcionalidades profesionales:

CUADRO SIMBÓLICO DE FUNCIONALIDADES		
Funcionalidad	**En los libros Colex**	**En Iberley.es**
Preguntar sobre el contenido del libro	✓	✓
Solicitar explicaciones jurídicas	✓	✓
ChatBot integrado al contenido del libro	✓	✓
Consultas sobre otras materias	✗	✓
Análisis de documentos externos	✗	✓
Generación de escritos jurídicos	✗	✓
Traducción jurídica	✗	✓
Informes y resúmenes legales automáticos	✗	✓
Contratos, guías prácticas y emails para clientes	✗	✓
Estrategias judiciales y jurisprudencia instantánea	✗	✓

DELITO DE SUPLANTACIÓN DE IDENTIDAD

Análisis de las consecuencias penales en casos de suplantación de identidad

DELITO DE SUPLANTACIÓN DE IDENTIDAD

Análisis de las consecuencias penales en casos de suplantación de identidad

EDICIÓN 2026

Obra realizada por el Departamento de Documentación de Iberley

COLEX 2026

SUMARIO

ANEXO I.
CASOS PRÁCTICOS

ANEXO II.
FORMULARIOS

0.
INTRODUCCIÓN

Introducción

El robo de cualquier documento acreditativo de la identidad de una persona puede desencadenar una serie de consecuencias legales y personales que afectan gravemente a la víctima. Este tipo de sustracción no solo implica la pérdida de un documento esencial para la identificación y realización de trámites cotidianos, sino que también puede dar lugar a situaciones de suplantación de identidad, fraudes económicos y perjuicios psicológicos.

Es la suplantación de identidad el aspecto que aquí nos interesa. Así, esta actuación puede constituir por sí misma una conducta típica —caso del artículo 401 del Código Penal—, pero también puede ser utilizada para cometer otros delitos (estafa) o incluso puede hablarse de falsedad documental para que sea posible la suplantación efectiva de una persona en una actuación concreta.

Asimismo, en consonancia con el avance de las nuevas tecnologías y el uso cada vez más frecuente de las mismas, la suplantación de identidad adquiere relevancia en este ámbito lo que se refleja en nuevas modalidades de aquella. Tal es el caso de adueñarse de las credenciales de una persona para acceder a sus dispositivos electrónicos, correo electrónico, etc., y con ello actuar desde los mismos como si se tratase del verdadero titular.

Entonces **¿la suplantación de identidad constituye un delito por sí misma? Sí**, se trataría del delito de usurpación del estado civil castigado en el artículo 401 del CP. La jurisprudencia ha venido señalando, como refleja la **sentencia del Tribunal Supremo n.º 2/2025, de 15 de enero, ECLI:ES:TS:2025:239**, que la usurpación del estado civil supone algo más que usar el nombre y apellidos de otro, exigiendo la actividad delictiva que el sujeto activo se apropie de alguna de las facultades, derechos u obligaciones que solo a esa persona suplantada corresponderían.

Para que la conducta de apropiación del estado civil o de la identidad de una persona se configure como delito es necesario que la misma reúna todos los datos que integran la identidad de una persona, es decir, *«para que se configure la usurpación, el usurpador debe poder hacer algo que solo la persona original podría hacer».*

En cuanto a las características de este delito cabe señalar:

- Se trata de un tipo penal pluriofensivo.
- Tiene una doble naturaleza: su aspecto falsario y la de constituir un atentado a un bien de carácter personal cual es el mencionado estado civil.
- Se trata de un delito de simple actividad.
- La conducta típica consiste en usurpar el estado civil de otro, entendiendo por usurpar la acción de atribuirse algo que no es propio y siendo el objeto de la usurpación el estado civil de otra persona.
- La finalidad de la suplantación es la de usar los derechos y obligaciones de la personalidad sustituida.
- Constituye un elemento esencial, la permanencia, es decir, ha de tratarse de una suplantación continua, persistente y total de la personalidad de la víctima, con pleno ejercicio de sus derechos y acciones, no bastando la asunción de la identidad ajena para la realización de una serie de actos concretos y determinados.

¿La persona suplantada ha de estar viva? No, el delito de usurpación del estado civil exige que la persona sustituida sea una persona real, independientemente de que la misma esté viva o haya fallecido.

Además del delito anterior, existen otros que guardan relación con la suplantación de identidad. Tal es el caso, en primer lugar, de la **falsedad documental** del artículo 392 del CP. La **sentencia del Tribunal Supremo n.º 30/2022, de 19 de enero, ECLI:ES:TS:2022:128**, establece que para que exista un delito de falsedad documental, no basta una conducta objetivamente típica, sino que es preciso también que la *mutatio veritatis*, en la que consiste el tipo de falsedad en documento público, oficial o mercantil, altere la sustancia o la autenticidad del documento en sus extremos esenciales como medio de prueba.

La relación de la suplantación de identidad con este delito viene dada por aquellos casos en que para aprovechar la identidad de otro se altera algún documento. Normalmente supone el antecedente de otras actuaciones. A título de ejemplo podemos hacer referencia al caso del que disponiendo del DNI de otra persona coge su fotografía y manipula aquel o pide a alguien que lo haga de modo que aparezca su imagen con los datos de la otra persona. A pesar de que no son sus datos con su imagen se crea la apariencia de que es su documento y respaldado por él actúa suplantando así la identidad de aquella persona.

En segundo lugar, estaría el **delito de estafa** regulado en los artículos 248 del CP, donde la suplantación de identidad puede incidir de varios modos. Así, estaría el caso en que concurre la falsedad documental señalada con el posterior delito de estafa creándose el engaño de que la persona actuante realmente es la suplantada. Ambos delitos actuarían en ese supuesto en concurso medial. Un ejemplo sería el de quien, habiendo manipulado el DNI en los términos ya vistos, con el mismo procede a contratar micro préstamos obteniendo para sí un beneficio económico cuando realmente parece que quien interviene es la persona suplantada lo que llevaría a exigirle a ella responsabilidad penal a pesar de no intervenir.

Asimismo, la suplantación de identidad es un argumento muy frecuentemente utilizado en el delito de estafa con la finalidad de eludir la responsabilidad penal concurrente en quien actúa. Es decir, se trata de alegar que tu identidad ha sido suplantada por otra persona para justificar las actuaciones constitutivas de aquel delito. A estos efectos, se exige acreditar esa suplantación de forma clara, no bastando con la existencia de una denuncia por robo de DNI, por ejemplo. La prueba de esta circunstancia admite muchos matices y se viene exigiendo que sea exhaustiva dada la frecuencia de la utilización de este argumento.

Otro punto a destacar, consecuencia de la suplantación de identidad, es el relativo al **tratamiento de los datos personales sin consentimiento del titular** de los mismos. En otras palabras, el caso de inclusión de la persona suplantada en un fichero de morosos como consecuencia de las deudas contraídas bajo la suplantación de identidad aparentemente por ella. Se plantea aquí la duda sobre la responsabilidad de la entidad que ofrece a dicho fichero los datos del presunto deudor cuando en realidad no fue él actuante. Para resolver este conflicto se atendió a la diligencia de la entidad a la hora de verificar la identidad real del actuante, es decir, si existen o no medidas suficientes para poder apreciar, en su caso, la suplantación de identidad.

Para terminar, y en relación con los **avances de las nuevas tecnologías**, estaría el caso de la suplantación de identidad para acceder a equipos informáticos a través del uso de las credenciales de otra persona. También el supuesto en que se usa el número de teléfono o el correo electrónico de alguien o de alguna empresa para crear la situación aparente de que es esa persona física o jurídica la que se pone en contacto y por ello se logra el objetivo pretendido (firma de un contrato, venta de un producto...). Y, finalmente, en el ámbito de las redes sociales la creación de perfiles falsos de otras personas en las que parezca que son estas las que actúan por ejemplo realizando anuncios de contactos con esa persona u ofreciendo servicios.

1.
ROBO DE DOCUMENTOS PARA ACREDITAR LA IDENTIDAD DE LA PERSONA

¿Qué documentos sirven para identificarnos?

La documentación e identificación de los ciudadanos españoles se encuentra regulada en los arts. 8 a 12 de la LO 4/2015, de 30 de marzo, de protección de la seguridad ciudadana:

- **DNI:** de acuerdo con el artículo 8 de la LO 4/2015, de 30 de marzo, es un documento público, oficial, personal e intransferible emitido por el Ministerio del Interior, a través de la Dirección General de la Policía. Este documento goza de la protección que a los documentos públicos y oficiales otorgan las leyes y su titular está obligado a mantenerlo en vigor, conservarlo y custodiarlo con la debida diligencia.

  El DNI **es el único documento con el suficiente valor por sí solo para la acreditación a todos los efectos, de la identidad y los datos personales de su titular**. Asimismo, permite la identificación electrónica de su titular, así como la firma electrónica de documentos.

- **Pasaporte:** es un documento público, personal, individual e intransferible, expedido por los órganos competentes de la Administración General del Estado, que, salvo prueba en contrario, acredita la identidad y nacionalidad de los ciudadanos españoles fuera de España, y dentro del territorio nacional, las mismas circunstancias de los españoles no residentes.(Art. 11 de la LO 4/2015, de 30 de marzo).

En cuanto a los ciudadanos extranjeros que se encuentren en territorio español el **art. 13 de la LO 4/2015, de 30 de marzo**, señala que tienen el derecho y la obligación de conservar y portar consigo la documentación que acredite su identidad expedida por las autoridades competentes del país de origen o de procedencia, así como la que acredite su situación regular en España. Estos documentos son:

- **NIE:** es el número de identidad de extranjero que se regula en el art. 205 del Real Decreto 1155/2024, de 19 de noviembre, por el que se aprueba el Reglamento de la Ley Orgánica 4/2000, de 11 de enero, sobre derechos y libertades de los extranjeros en España y su integración social (nuevo Reglamento de Extranjería). Este número será el identificador del extranjero, que deberá figurar en todos los documentos que se le expidan o tramiten, así como en las diligencias que se estampen en su pasaporte o documento análogo, salvo en los visados.

- **TIE:** es la Tarjeta de Identidad de Extranjero que se regula en el art. 209 del Reglamento de Extranjería de 2024 y es el documento destinado a identificar al extranjero a los efectos de acreditar su situación legal en España.

CUESTIÓN

¿El carné de conducir es un medio válido para acreditar la identidad?

De acuerdo con el art. 161 del Reglamento Notarial la identidad se acreditará a través del pasaporte o del DNI, y el apdo. 1 c) del art. 23 de la Ley del Notariado establece como medios supletorios de identificación: «La referencia a carnets o documentos de identidad con retrato y firma expedidos por las autoridades públicas, cuyo objeto sea identificar a las personas».

Asimismo, el Real Decreto 818/2009, de 8 de mayo, por el que se aprueba el Reglamento General de Conductores, hace referencia al permiso de conducir como medio de identificar a la persona del conductor. Reconoce la función identificadora del permiso o licencia de conducción al exigir en el Anexo III, dentro de la documentación para obtener las distintas autorizaciones para conducir, «una fotografía reciente del rostro del solicitante de 32 por 36 mm, en color y con fondo claro y uniforme, tomada de frente con la cabeza totalmente descubierta, y sin gafas de colores oscuros o cualquier otra prenda que pueda impedir o dificultar la identificación de la persona». En el Anexo I se exige también la firma del titular, que habrá de figurar en el permiso, con lo que quedan cumplidos los requisitos establecidos en el artículo 23 c) de la Ley del Notariado para que un documento de identidad o carné sea medio legal de identificación: retrato, firma y expedido por la autoridad pública, cuyo objeto sea identificar a la persona. (Resolución de 16 de enero de 2023, de la Dirección General de Seguridad Jurídica y Fe Pública, en el recurso interpuesto contra la calificación del registrador de la propiedad accidental de Arona, por la que se suspende la inscripción de una escritura de compraventa).

También la **sentencia del Tribunal Supremo en su sentencia de 22 de febrero de 1991, ECLI:ES:TS:1991:13627**, establece su uso como documento de identificación, pero siempre de un modo esporádico: «*El permiso de conducción acredita que su titular posee los conocimientos y pericia necesarios para asumir la conducción de un vehículo de motor y, en consecuencia, que se le habilita y autoriza para el ejercicio de tales funciones. El que, en ocasiones, y siempre de un modo esporádico y subsidiario, pueda servir de instrumento de identificación de la persona a cuyo favor se otorga, no empaña ni disminuye el destino y razón fundamental a que su creación obedece*».

Por lo tanto, en el carnet de conducir constan datos como nombre y apellidos, lugar y fecha de nacimiento, fotografía y número DNI, que permiten tal identificación.

Consecuencias del robo de los documentos acreditativos de identidad

El robo de cualquier documento acreditativo de la identidad de una persona puede desencadenar una serie de consecuencias legales y personales que afectan gravemente a la víctima. Este tipo de sustracción no solo implica la pérdida de un documento esencial para la identificación y realización de trámites cotidianos, sino que también puede dar lugar a situaciones de suplantación de identidad, fraudes económicos y perjuicios psicológicos.

Así, cabe citar la sentencia del **Tribunal Supremo n.º 559/2023, de 6 de julio, ECLI:ES:TS:2023:3208**, en la que se analiza el caso de la recurrente que fue condenada como autora de un delito de hurto, pero que, si bien, posteriormente se constató que la persona que cometió el hecho delictivo fue la hija de esta, quien había suplantado la identidad de su madre mediante la exhibición del DNI de esta.

La condena de la recurrente se produjo tras un proceso de conformidad en el que la verdadera autora, la hija, asumió la identidad de su madre durante todo el procedimiento penal.

Pero **¿cómo descubrieron el error en este caso?** El error fue descubierto gracias al cotejo de las huellas dactilares, evidenciando que la persona detenida, en este caso la hija, no era la condenada.

Otro ejemplo, lo encontramos en la **sentencia de la Audiencia Provincial de Málaga n.º 296/2021, de 1 de julio, ECLI:ES:APMA:2021:2828**, en la que se explica que *«(...) usaron copias del auténtico DNI del denunciante, y que quien fue aportando tales copias tenía un parecido físico suficiente con Don Marcos, o se disfrazaba de forma convincente, para conseguir lo que efectivamente logró, esto es, que todas las personas de las que han comparecido que tuvieron delante a este 'suplantador' y vieron la fotocopia del DNI de Don Marcos pensaran que a quien tenían delante era a éste*, y no a un miembro de una organización criminal.

Insistimos, por tanto, en el mismo sentido en que se pronunciaron los agentes de la Policía Nacional números NUM012 y, -muy especialmente-, NUM013, y tal y como también se destacó por el Ministerio Público en su informe, que el Sr. Marcos fue víctima de unas personas que formaban un grupo criminal muy organizado, que fue capaz de conseguir contactar con él, drogarle, robar en su casa y quitarle una documentación que fueron usando para cometer los hechos delictivos que han quedado ya descritos.

Este último Agente, encargado de la parte de la investigación que se desarrolló en Málaga, manifestó, en concreto, que recepcionaron la denuncia del Sr. Marcos y determinaron que los hechos parecían ciertos; se había usado un teléfono cuyo titular no les llevó a ningún lado; abrieron vía de colaboración con Madrid, y allí fue donde remataron la investigación; ellos en Málaga no llegaron a un resultado satisfactorio; el denunciante manifestó que iban suscribiendo créditos suplantando su identidad, en sucesivas denuncias; además manifestaba que le habían sedado y vivía en una tortura total, y tuvo que responder como supuesto deudor de distintos créditos; entiende que el denunciante sufrió un auténtico calvario; recuperaron imágenes y vieron dónde entabló contacto con la persona que decía le había drogado; no le cabe duda de que los hechos eran ciertos, lo que corroboraron en Málaga, aunque sin identificar a ningún supuesto responsable; **no actuó una persona sola, sino varios; el denunciante conocía al que dice le drogó, pero parece que llevaba peluca, y no pudo dar datos que les permitieran identificarle; sabe que los supuestos autores compraron cosas a nombre del denunciante; no recuerda si entre los documentos que el denunciante dijo le habían sustraído estaba su DNI**».

CUESTIÓN

¿Es obligatorio denunciar la pérdida o robo de nuestros documentos acreditativos de identidad?

Sí, ya que de acuerdo con el apdo. 10 del art. del art. 37 de la LO 4/2015, de 30 de marzo, será una infracción leve el incumplimiento de la obligación de obtener la documentación personal legalmente exigida, así como la omisión negligente de la denuncia de su sustracción o extravío. Por otra parte, el apdo. 11 del citado artículo 37 de la LO 4/2015, de 30 de marzo, califica también de infracción leve la negligencia en la custodia y conservación de la documentación personal legalmente exigida, considerándose como tal la tercera y posteriores pérdidas o extravíos en el plazo de un año.

2.
EL DELITO DE USURPACIÓN DEL ESTADO CIVIL

La usurpación del estado civil

El **delito de usurpación del estado civil** se regula dentro del título XVIII relativo a las falsedades del libro II de la Ley Orgánica 10/1995, de 23 de noviembre, del Código Penal (CP), concretamente, en el capítulo IV, **artículo 401 del CP**. Este precepto castiga con la pena de prisión de 6 meses a 3 años al que **usurpare el estado civil de otro**.

La RAE define este delito como aquel que comete *«quien utiliza de forma estable el estado civil, nombre y apellidos de otra persona, suplantando su personalidad».* Se trata de hacerse pasar por otra persona a los efectos de obtener un determinado beneficio o cometer otros tipos delictivos (estafas, acoso, falsedad documental...).

En relación con este delito la jurisprudencia ha venido señalando como refleja, entre otras, la **sentencia del Tribunal Supremo n.º 2/2025, de 15 de enero, ECLI:ES:TS:2025:239**:

> «El artículo 401 del Código Penal sanciona al que "usurpare el estado civil de otro", ofreciendo la misma redacción que presentaba el artículo 470 del Código Penal de 1973. Y aun cuando nuestra jurisprudencia ha destacado que tras la entrada en vigor del Código Penal de 1995 el delito ha dejado de ubicarse bajo la rúbrica de los delitos contra el estado civil de las personas para insertarse en las falsedades del Título XVIII del Código Penal, también hemos expresado que usurpar equivale a atribuirse algo ajeno y que esta asignación debe contemplarse desde su significación etimológica. Según el diccionario de la Real Academia de la Lengua Española usurpar es apoderarse de una propiedad o de un derecho que legítimamente pertenece a otro y, como segunda acepción, supone arrogarse la dignidad, empleo u oficio de otro, usándolos como si fueran propios. Consecuentemente, hemos subrayado que la usurpación del estado civil **supone algo más que usar el nombre y apellidos de otro, exigiendo la actividad delictiva que el sujeto activo se apropie de alguna de las facultades, derechos**

u obligaciones que sólo a esa persona suplantada corresponderían (STS 635/2009, de 15 de junio). Y hemos remarcado, además, que la suplantación **debe venir revestida de una cierta continuidad o permanencia en el tiempo**, pues el aislado delito de uso público de nombre supuesto que recogía el artículo 322 del Código Penal de 1973, quedó sin expresión típica en el Código Penal vigente (STS 669/2009, de 1 de junio)».

Se exige, por tanto, para que la conducta de apropiación del estado civil o de la identidad de una persona se configure como delito que la misma reúna todos los datos que integran la identidad de una persona, es decir, *«para que se configure la usurpación, el usurpador debe poder hacer algo que solo la persona original podría hacer»* **(AAP de Almería n.º 194/2023, de 22 de marzo, ECLI:ES:APAL:2023:759A).**

> **JURISPRUDENCIA**
>
> **STS n.º 635/2009, de 15 de junio, ECLI:ES:TS:2009:3931**
>
> *«Trasladado esto al tema que nos ocupa, quiere decir que para usurpar no basta con usar un nombre y apellidos de otra persona, sino que es necesario hacer algo que solo puede hacer esa persona por las facultades, derechos u obligaciones que a ella solo corresponden; como puede ser el obrar como si uno fuera otro para cobrar un dinero que es de este, o actuar en una reclamación judicial haciéndose pasar por otra persona, o simular ser la viuda de alguien para ejercitar un derecho en tal condición, o por aproximarnos al caso presente, hacerse pasar por un determinado periodista para publicar algún artículo o intervenir en un medio de comunicación».*

¿Cuáles son los elementos característicos del delito de usurpación del estado civil?

El delito de usurpación del estado civil es un **tipo penal pluriofensivo (AAP de Barcelona n.º 178/2022, de 8 de marzo, ECLI:ES:APB:2022:4212A)**. Así cabe señalar varios bienes jurídicos protegidos, en concreto, los siguientes **(AAP de Almería n.º 194/2023, de 22 de marzo, ECLI:ES:APAL:2023:759A)**:

- El estado civil de la persona: es individual, intransferible y debe estar bien delimitado.
- El falseamiento de la realidad, que prevalece sobre el estado civil de la persona.
- Las relaciones familiares, en tanto generadoras del estado civil y de los derechos y deberes a él inherentes.
- La seguridad del tráfico jurídico, atendiendo a la identidad personal y lo que esta supone para la estabilidad de las relaciones jurídicas.

> **RESOLUCIÓN RELEVANTE**
>
> **AAP de Salamanca n.º 461/2024, de 27 de septiembre, ECLI:ES:APSA:2024:534A**
>
> *«El bien jurídico protegido no es el estado civil en abstracto o en sí mismo considerado, sino la proyección ad extrade ese estado civil, que constituye un presupuesto básico para la estabilidad de las relaciones jurídicas, en la medida en que dicha estabilidad únicamente es disponible si sólo hay una identidad por sujeto. Desde esta perspectiva, el bien jurídico protegido es, en definitiva, la seguridad del tráfi-*

co jurídico, concretada aquí no en determinadas funciones de un objeto material, como sucede con las falsedades documentales, sino en la idea de identidad personal y en lo que ella supone para la estabilidad de las relaciones jurídicas (STS de 6 de diciembre de 1985)».

CUESTIÓN

¿Qué se entiende por estado civil?

Se define el estado civil como el conjunto de condiciones familiares que configuran la personalidad de un individuo (entre otras, la **SAP de Albacete n.º 192/2024, de 9 de mayo, ECLI:ES:APAB:2024:383**). Presenta el estado civil unas características esenciales que inciden en su tutela y que el TS concreta en los siguientes términos (**STS n.º 1045/2011, de 14 de octubre, ECLI:ES:TS:2011:6858**): «El estado civil presenta unas características esenciales que inciden en su tutela judicial, tanto civil como penal: su personalidad, toda persona tiene un estado civil como criterio diferenciador y cualificador de su propia personalidad; su intransferibilidad, está excluido del ámbito privado y no puede ser objeto de comercio; y su eficacia *erga omnis*».

El delito de usurpación del estado civil presenta una **doble naturaleza**: su aspecto falsario y la de constituir un atentado a un bien de carácter personal cual es el mencionado estado civil. Asimismo, se trata de un **delito de simple actividad**, es decir, que no exige la producción de un resultado. Respecto de esto último, prevé la **STS n.º 1045/2011, de 14 de octubre, ECLI:ES:TS:2011:6858**:

«En un delito de simple actividad que no exige necesariamente un resultado dañoso y que comporta la arrogación de las cualidades de otra persona, verificando una auténtica implantación de personalidad. el delito, por tanto, se perfecciona con la realización de al actividad usurpadora y cesa cuando concluye la implantación (...)».

La **conducta típica** consiste en usurpar el estado civil de otro, entendiendo por usurpar la acción de atribuirse algo que no es propio y siendo el objeto de la usurpación el estado civil de otra persona. Así pues, se trata de fingir ser una persona diferente para usar de sus derechos, es decir, suplantar su filiación, su paternidad, sus derechos conyugales, en definitiva, supone *«la falsedad aplicada a la persona con el ánimo de sustituirse por otra real y verdadera»* (**AAP de Sevilla n.º 653/2025, de 20 de junio, ECLI:ES:APSE:2025:755A**).

Así pues, la **finalidad de la suplantación** es la de usar los derechos y obligaciones de la personalidad sustituida, siendo este fin condición necesaria para que se aprecie el delito del artículo 401 del CP. Constituye, por tanto, un elemento subjetivo del injusto, no previsto en el tipo legal, el propósito de ejercitar derechos y acciones de la persona suplantada. También ha de concurrir la clara intención de obtener un beneficio o de causar un daño, independientemente de que este llegue o no a materializarse (**AAP de Almería n.º 194/2023, de 22 de marzo, ECLI:ES:APAL:2023:759A**). Observamos un dolo directo. De no concurrir la citada intención en el autor, nos encontraríamos ante supuestos de error que quedarían excluidos de la aplicación del tipo penal. Sería el caso en que el autor, de buena fe, cree y afirma como cierto ser otra persona distinta de la que es, bien por desconocimiento absoluto, o por padecer una enfermedad mental o psicopatía.

CUESTIÓN

¿Puede cometerse el delito de usurpación del estado civil cuando la persona suplantada ha fallecido?

La respuesta ha de ser afirmativa, en tanto el delito de usurpación del estado civil exige que la persona sustituida sea una persona real, independientemente de que la misma esté viva o haya fallecido.

Reflejo de lo anterior se puede ver en la **STS n.º 331/2012, de 4 de mayo, ECLI:ES:TS:2012:3030**, en la que una persona asume la personalidad de su hermano ya fallecido incurriendo en el delito del artículo 401 del CP. Así señala:

> *«En la hipótesis concernida el recurrente asumió una personalidad de un sujeto que existió, ejerciendo los derechos y deberes que le corresponderían como si estuviera vivo, ya que la falsedad o falacia, acreditaba su existencia, al ocultar su fallecimiento con la documentación utilizada. A su vez contrajo obligaciones y derechos como si el sustituido estuviera vivo, utilizando su nombre y su personalidad, prolongando ficticiamente la existencia del que había muerto, ocultándose y protegiéndose frente a terceros, particularmente, frente a la policía, en cuanto era objeto de requisitorias».*

Entonces, para cometer el delito que estamos examinando **¿será suficiente con arrogarse una personalidad ajena, asumiendo el nombre de otra persona? No**, la jurisprudencia ha venido señalando de forma reiterada (a título de ejemplo, la **SAP de Madrid n.º 217/2025, de 24 de abril, ECLI:ES:APM:2025:5205**) que para el nacimiento del tipo penal del artículo 401 del CP no bastará con arrogarse una personalidad ajena asumiendo el nombre de otra persona, para un acto concreto y determinado, sino que se precisa un plus añadido, consistente en una auténtica suplantación de la personalidad de la víctima.

En el mismo sentido, se ha señalado que el simple uso del nombre y apellidos de otra persona no es suficiente para entender que se ha cometido el delito de usurpación del estado civil. Es necesario para apreciar el tipo delictivo, como ya hemos dicho, que el sujeto activo se apropie de alguna de las facultades, derechos u obligaciones de la persona suplantada.

A título de ejemplo, cabe citar el caso planteado en el **auto de la Audiencia Provincial de Guipúzcoa n.º 219/2025, de 19 de mayo, ECLI:ES:APSS:2025:692A**, en el que se niega la concurrencia del delito por no cumplirse dicha exigencia. Así señala:

> «En el caso que nos ocupa parece evidente que más allá de que se haya utilizado el nombre, apellidos y su (públicamente conocida) vinculación con una determinada modalidad deportiva nada se ha acreditado en el sentido pretendido, esto es, que se haya utilizado tal identidad en el tráfico jurídico o que alguien se haya apropiado, como es exigido, de las facultades, derechos u obligaciones que sólo a esa persona suplantada corresponderían».

Otro supuesto sería el previsto en la **STS n.º 296/2022, de 24 de marzo, ECLI:ES:TS:2022:1097**, en la que un sujeto utiliza diversas identidades, suplantando a distintas personas, pero con la sola finalidad de que la utilización de su nombre y apellidos le permita circular libremente y sin restricciones para llevar a cabo las actividades delictivas en las que interviene. Al respecto, concluye el Alto Tribunal:

> «(...) Salvador utilizó diversas identidades, en concreto, las de Lucio , correspondiendo a su hermano, que es la que usaba en el momento de llevarse a cabo su detención y en otros momentos. Con anterioridad la de Justino , correspondiente a otros de los acusados, que utilizó de forma permanente durante los años 2014 y 2015, haciendo para ello uso de la documentación ficticia facilitada por el propio Justino (...). En ambos casos con el beneplácito de los titulares de dichas identidades.
>
> La utilización de la identidad falsa de Justino se efectuó para todos los actos de su actividad diaria, tanto social como mercantil, con la finalidad de que su identidad real no quedara en ningún momento desvelada y de permanecer oculto a las autoridades del Estado. Así consta que durante la investigación se identificó con frecuencia como Justino(...). Igualmente con dicha identidad adquirió billetes aéreos, paso los controles aeroportuarios y de acceso al avión, (...) y otra multitud de actos e igualmente adquirió un vehículo Mercedes Benz S500 matricula de Luxemburgo NUM062 , bajo esa identidad.
>
> Sin embargo, **al margen de utilizar las identidades de otras personas con al indicada finalidad, no consta que ejercitara ningún derecho especifico de ellas, derechos u obligaciones derivados de su específica personalidad o estado civil, fuera del general de circular con libertad por no estar sujetas a ninguna limitación ni orden de busca»**.

Aclarado lo anterior, se erige como elemento esencial del delito la **permanencia**, es decir, la auténtica suplantación de la personalidad de la víctima ya mencionada requiere la continuidad y persistencia y lleva implícita la sustitución plena de la personalidad global de aquella. En este sentido, aclara la Audiencia Provincial de Barcelona, en su **auto n.º 963/2025, de 7 de julio, ECLI:ES:APB:2025:8621A:**

> «(...) Ciertamente, la permanencia es un presupuesto típico de este delito de este delito, pero, aun siendo condición necesaria, no es suficiente, pues también es requisito imprescindible que alcance a la totalidad de las facetas que integran la identidad humana, de modo que el suplantador se haga pasar por el suplantado a todos los efectos, como si de tal persona se tratara. No se dará el delito cuando una persona asume la identidad ajena solo para la realización de una serie de actos concretos y determinados. Si no consta acreditada la total y absoluta suplantación de la identidad de otra persona, para todos los efectos no nos hallaremos ante un delito, sino ante un mero uso público (prolongado o no) de nombre supuesto, penalmente atípico».

Ha de tratarse, entonces, de una suplantación continua, persistente y total de la personalidad de la víctima, con pleno ejercicio de sus derechos y acciones, no bastando la asunción de la identidad ajena para la realización de una serie de actos concretos y determinados. En consonancia con lo anterior, no se aprecia el delito de usurpación del estado civil en el caso de un progenitor que, actuando en connivencia con el director de la sucursal bancaria, abre una cuenta corriente a su hija sin su consentimiento ni su conocimiento, usando sus datos personales. Se trataría, en este supuesto, de un hecho aislado y puntual que excluye el tipo delictivo (**AAP de Sevilla n.º 653/2025, de 20 de junio, ECLI:ES:APSE:2025:755A**).

A la misma conclusión se llega en la **SAP de Madrid n.º 217/2025, de 24 de abril, ECLI:ES:APM:2025:5205**, cuando descarta el tipo delictivo en el caso de lo que se califica como «falsedades puntuales», señalando:

> «Los antecedentes referidos evidencian la ausencia de los elementos necesarios para la aplicación del tipo penal pretendido, teniendo en cuenta que no se ha producido una suplantación continua, persistente y total de la personalidad de la denunciante, con pleno ejercicio de sus derechos y acciones, sino una falsedad puntual en la solicitud de préstamo y apertura de cuenta, vinculada a la anterior, tratándose por tanto de un uso esporádico de los datos de otra persona, haciéndose pasar por ella, sin la permanencia, ni propósito de sustitución plena de la personalidad de la afectada.]
>
> Que es lo que hubiera ocurrido en este caso, si efectivamente se hubiera acreditado la autoría de Virtudes de estos hechos imputados (…)».

3.
FALSEDAD DOCUMENTAL A TRAVÉS DE LA SUPLANTACIÓN DE IDENTIDAD

Falsedad documental como consecuencia de la suplantación de identidad

El artículo 392 del CP castiga, con las penas de prisión de 6 meses a 3 años y multa de 6 a 12 meses, al particular que cometiere en documento público, oficial o mercantil, alguna de las falsedades descritas en los 3 primeros números del apartado 1 del art. 390 del CP:

- Alterar el documento en alguno de sus elementos o requisitos de carácter esencial.

- Simular un documento en todo o en parte, de manera que induzca a error sobre su autenticidad.

- Suponiendo en un acto la intervención de personas que no la han tenido, o atribuyendo a las que han intervenido en él declaraciones o manifestaciones diferentes de las que hubieran hecho.

- Faltando a la verdad en la narración de los hechos.

Las mismas penas se impondrán al que, sin haber intervenido en la falsificación, traficare de cualquier modo con un documento de identidad falso. Se impondrá la pena de prisión de 6 meses a 1 año y multa de 3 a 6 meses al que hiciere uso, a sabiendas, de un documento de identidad falso.

Así, como bien dice la **sentencia del Tribunal Supremo n.º 65/2018, de 6 de febrero, ECLI:ES:TS:2018:1149**, «*todas las formas anteriormente descritas pertenecen a la categoría de falsedades materiales, ya que las mismas son alteraciones que se producen físicamente en un documento verdadero. Podría admitirse que abarca también los casos consistentes en crear, más allá de una modificación gráfica, un documento que difiere de otro, ese sí verdadero, que puede tenerse por causa del falso, que pretende ser reflejo del verdadero. Así cuando en el creado se varía la fecha del originario que es sustituida por "otra"*».

> **A TENER EN CUENTA**. Lo anterior es aplicable aun cuando el documento de identidad falso aparezca como perteneciente a otro Estado de la Unión Europea o a un tercer Estado o haya sido falsificado o adquirido en otro Estado de la Unión Europea o en un tercer Estado si es utilizado o se trafica con él en España.

La **sentencia del Tribunal Supremo n.º 30/2022, de 19 de enero, ECLI:ES:TS:2022:128**, establece que **para que exista un delito de falsedad documental, no basta una conducta objetivamente típica, sino que es preciso también que la *mutatio veritatis***, en la que consiste el tipo de falsedad en documento público, oficial o mercantil, altere la sustancia o la autenticidad del documento en sus extremos esenciales como medio de prueba.

En este delito es un presupuesto necesario el **daño real** o meramente potencial, porque junto a la *mutatio veritatis* objetiva, **la conducta típica debe afectar a los bienes o intereses a cuya protección están destinados los distintos tipos penales, esto es, el bien jurídico protegido por la norma penal**.

Además, **el delito de falsedad documental no es un delito de propia mano, es decir, la autoría del delito no exige la propia confección del documento**, sino el aprovechamiento intencionado de los efectos del documento falsificado.

Así, la **sentencia del Tribunal Supremo n.º 494/2024, de 30 de mayo, ECLI:ES:TS:2024:3119**, condena a un hombre, que portaba, con el objeto de identificarse, una carta de identidad y un permiso de conducir, ambos documentos italianos, con el número de identificación y características propias de esos documentos oficiales, en el que constaba su fotografía y había sido confeccionado tomando un documento auténtico y sustituyendo la fotografía original del titular por la del acusado. En definitiva, dos documentos oficiales en los que el acusado, o un tercero, habían introducido la fotografía del acusado propiciando una documentación inauténtica.

El TS, en este caso, entendió que no es preciso que se declare probado que el acusado haya confeccionado por sí mismo el documento, pues la entrega de una fotografía, que le identifica como titular del documento supone una aportación necesaria a la confección del documento falso. Siendo el titular de la fotografía el beneficiado por la identidad falsa que propicia el documento entregado.

> **CUESTIÓN**
>
> **¿Puede condenarse por un delito de falsedad documental por imprudencia?**
>
> Para responder a esta cuestión vamos a utilizar como ejemplo la **sentencia del Tribunal Supremo n.º 920/2023, de 14 de diciembre, ELCI:ES:TS:2023:5309**, a través de la que se condena a una mujer al delito de falsificación documental del apdo.1. 2.º del art. 390 del CP, delito este de naturaleza dolosa, pero que en un principio se le condena a título de imprudencia.
>
> En este caso, la acusada no negó que el DNI fue confeccionado por ella en el ejercicio de sus ordinarias ocupaciones profesionales, tampoco negó que en dicho documento apareciese la fotografía de quien no era titular del mismo. Si bien, en su defensa sostuvo que fue engañada por el solicitante del documento, quien le facilitó una fotografía asegurando que era propia, sin que la funcionaria advirtiera la falsedad.

Si bien, el TS sostiene que la intensidad del error no determina su calificación como vencible o invencible, sino el deber del ejecutor de sobreponerse al error. En el caso analizado se concluye que el autor del delito utilizó a la funcionaria como instrumento para falsificar un documento, ya que ella desconocía que la fotografía aportada no era de él. Por lo tanto, el particular denunciado por falsificación del DNI fue considerado autor mediato del delito de falsedad documental según el artículo 392 del Código Penal, pero no del delito previsto en el artículo 390, reservado para funcionarios públicos. La funcionaria, por su parte, fue absuelta del delito imprudente atribuido por la audiencia, al considerarse vencible su error de tipo. Además, se entiende que el delito imprudente requiere descripción fáctica concreta en las acusaciones, lo que en este caso no ocurrió.

4.
LA ESTAFA MEDIANTE UNA SUPLANTACIÓN DE IDENTIDAD

El delito de estafa a través de la suplantación de identidad

El robo de la identidad de una persona suele tener por objetivo la comisión de otro tipo de delitos, entre ellos podemos citar el delito de estafa llevado a cabo suplantando la identidad de otra persona para que la responsabilidad penal recaiga sobre ella, en su caso. Los casos más frecuentes de estas modalidades delictivas tienen lugar en relación con plataformas o portales de venta *online* de segunda mano o con la contratación de servicios financieros a nombre de la persona suplantada (micro préstamos, tarjetas de crédito...) para la obtención de lucro propio.

El delito de estafa se regula en la sección 1.ª, capítulo VI, título XIII, libro II, artículos 248 a 251 bis del CP, refiriéndose este último a la responsabilidad de las personas jurídicas respecto del delito de estafa.

¿Cuál es el bien jurídico protegido en el delito de estafa? Antes de analizar las conductas incardinadas en esta modalidad delictiva, cabe señalar como elemento común a todas ellas el bien jurídico protegido que será el patrimonio ajeno, cualesquiera que sean los elementos que lo integren (bienes muebles o inmuebles o derechos que puedan constituir el objeto material del delito).

Pues bien, el delito de estafa se considera un **delito patrimonial**. En este sentido resulta interesante la **SAP de Santa Cruz de Tenerife n.º 65/2025, de 4 de abril, ECLI:ES:APTF:2025:623**, que lo define como un delito patrimonial consistente en la utilización del engaño para obtener un beneficio económico o patrimonial, concretándolo todavía más con descripción de sus elementos al señalar:

> «(...) el delito de estafa es un delito patrimonial en el que, a través del engaño suficiente, y concurriendo ánimo de lucro, se provoca un error esencial en la víctima que le lleva a realizar un acto de disposición patrimonial en perjuicio de ella misma o de un tercero».

En la misma línea, declaraba el Tribunal Supremo en su **sentencia n.º 53/2021, de 26 de enero, ECLI:ES:TS:2021:151**, que «*El delito de estafa es un delito patrimonial de acechanza a un patrimonio ajeno caracterizado por la concurrencia de un engaño que ha de ser calificado de bastante, generador de un error en el sujeto pasivo que le lleva a la realización de un acto de suposición patrimonial causante de un perjuicio. Estos cuatro elementos del delito de estafa aparecen unidos por las correlativas relaciones de causalidad de manera que entre el engaño, el error, el desplazamiento económico y el perjuicio deben mediar una relación causal que unos sean producto del anterior*».

Dicho esto, **¿qué conducta se sanciona en el delito de estafa?** Con carácter general, el artículo 248 del CP establece que «*cometen estafa los que, con ánimo de lucro, utilizaren engaño bastante para producir error en otro, induciéndolo a realizar un acto de disposición en perjuicio propio o ajeno*».

Por su parte, el artículo 249 del CP hace referencia a **otros supuestos** en los que se entiende cometido el delito de estafa castigando a los que:

- Con ánimo de lucro, obstaculizando o interfiriendo indebidamente en el funcionamiento de un sistema de información o introduciendo, alterando, borrando, transmitiendo o suprimiendo indebidamente datos informáticos o valiéndose de cualquier otra manipulación informática o artificio semejante, **consigan una transferencia no consentida de cualquier activo patrimonial en perjuicio de otro**.

- Utilizando de forma fraudulenta tarjetas de crédito o débito, cheques de viaje o cualquier otro instrumento de pago material o inmaterial distinto del efectivo o los datos obrantes en cualquiera de ellos, **realicen operaciones de cualquier clase en perjuicio de su titular o de un tercero**.

- Fabricaren, importaren, obtuvieren, poseyeren, transportaren, comerciaren o de otro modo facilitaren a terceros dispositivos, instrumentos o datos o programas informáticos, o cualquier otro **medio diseñado o adaptado específicamente para la comisión de las estafas** previstas.

- Para su utilización fraudulenta, sustraigan, se apropiaren o adquieran de forma ilícita **tarjetas de crédito o débito, cheques de viaje o cualquier otro instrumento de pago material o inmaterial** distinto del efectivo.

CUESTIONES

1. ¿Cuáles son las penas previstas para el delito de estafa?

Tanto en la conducta prevista en el artículo 248 del CP como en las contempladas en el artículo 249 del CP, los reos de estafa serán castigados con la pena de prisión de 6 meses a 3 años. Si bien, tras la modificación operada por la LO 14/2022, de 22 de diciembre, en vigor desde el 12 de enero de 2023, el artículo 248 del CP recoge distintos criterios a tener en cuenta para fijar la pena por la estafa y que concreta en los siguientes:

- Importe de lo defraudado.
- Quebranto económico causado al perjudicado.
- Relaciones entre el perjudicado y el defraudador.
- Medios empleados por el defraudador.
- Otras circunstancias que sirvan para valorar la gravedad de la infracción.

Asimismo, prevé el artículo 248 del CP el delito leve de estafa cuando la cuantía de lo defraudado no exceda de 400 euros, en cuyo caso la pena será de multa de uno a tres meses.

Finalmente, también se prevé en el apartado 3 del artículo 249 del CP la imposición de la pena en su mitad inferior respecto de los que, para su utilización fraudulenta y sabiendo que fueron obtenidos ilícitamente, posean, adquieran, transfieran, distribuyan o pongan a disposición de terceros tarjetas de crédito o débito, cheques de viaje o cualesquiera otros instrumentos de pago materiales o inmateriales distintos del efectivo.

2. ¿En qué casos se agravará la pena prevista para el delito de estafa?

Como subtipos agravados de estafa debemos hacer referencia a los previstos en el artículo 250 del CP. Este precepto prevé la imposición de pena de prisión de 1 a 6 años y multa de 6 a 12 meses en el delito de estafa cuando:

- Recaiga sobre cosas de primera necesidad, viviendas u otros bienes de reconocida utilidad social.

- Se perpetre abusando de firma de otro, o sustrayendo, ocultando o inutilizando, en todo o en parte, algún proceso, expediente, protocolo o documento público u oficial de cualquier clase.

- Recaiga sobre bienes que integren el patrimonio artístico, histórico, cultural o científico.

- Revista especial gravedad, atendiendo a la entidad del perjuicio y a la situación económica en que deje a la víctima o a su familia.

- El valor de la defraudación supere los 50.000 euros, o afecte a un elevado número de personas.

- Se cometa con abuso de las relaciones personales existentes entre víctima y defraudador, o aproveche este su credibilidad empresarial o profesional.

- Se cometa estafa procesal. Incurren en la misma los que, en un procedimiento judicial de cualquier clase, manipularen las pruebas en que pretendieran fundar sus alegaciones o emplearen otro fraude procesal análogo, provocando error en el juez o tribunal y llevándole a dictar una resolución que perjudique los intereses económicos de la otra parte o de un tercero.

- Al delinquir el culpable hubiera sido condenado ejecutoriamente al menos por tres delitos comprendidos en este capítulo. No se tendrán en cuenta antecedentes cancelados o que debieran serlo.

Si las circunstancias de los números 4, 5, 6 o 7 concurren con la primera, las penas serán prisión de 4 a 8 años y multa de 12 a 24 meses. Lo mismo cabe decir para el caso de que el valor de la defraudación supere los 250.000 euros.

¿Cuáles son los elementos que han de concurrir en el delito de estafa?

Al respecto se infiere de la **STS n.º 927/2023, de 14 de diciembre, ECLI:ES:TS:2023:5572**:

«(...) el delito de estafa del artículo 248 del Código Penal precisa para su existencia de un **engaño** que el sujeto activo despliega de manera adecuada para que despierte en el sujeto pasivo una convicción equivocada de la realidad existente, de modo que el destinatario del engaño, impulsado precisamente por esa incorrecta e inducida persuasión, realice voluntariamente un **acto de disposición patrimonial** que no se hubiera abordado de otro modo y que es el que el sujeto activo buscaba o ambicionaba con su ardid captatorio. El delito de estafa no existe si el sujeto activo no tiene un **ánimo de lucro o la intención de obtener cualquier tipo de enriquecimiento** patrimonial, ventaja, provecho o beneficio y si no concurre, además, un **dolo defraudatorio**, esto es, si no tiene el conocimiento de que, con un escenario ficticiamente construido, se está engañando y perjudicando a otro, determinándole a hacer un acto de disposición patrimonial».

Asimismo, la **SAP de Santa Cruz de Tenerife n.º 65/2025, de 4 de abril, ECLI:ES:APTF:2025:623**, alude a los siguientes elementos:

- El engaño.

- El dolo o intención de lucrarse (ánimo de lucro).

- La inducción a realizar un acto de disposición.

- La efectiva realización del acto de disposición de la víctima.

- El perjuicio patrimonial.

JURISPRUDENCIA

STS n.º 327/2025, de 9 de abril, ECLI:ES:TS:2025:1488

Análisis jurisprudencial de la diferencia entre el delito de estafa y el incumplimiento contractual

«(...) los elementos determinantes de la concurrencia del delito de estafa, que deberán ser analizados en la sentencia, ya que en el caso de no concurrir también se dictaría sentencia absolutoria con reserva del ejercicio de acciones civiles.

1.- Los elementos o requisitos necesarios para entender concurrente la infracción penal tipificada como delito de estafa en el art. 248 del Código Penal y, en consecuencia, la apreciación de los contratos civiles criminalizados son:

1.- Un engaño como requisito esencial por constituir su núcleo o esencia, que ha de ser considerado con entidad suficiente para producir el traspaso patrimonial de carácter precedente o concurrente a la defraudación, maliciosamente provocado.

2.- Error esencial en el sujeto pasivo al dar por ciertos los hechos mendaces simulados por el agente, conocimiento inexacto de la realidad del desplazamiento originador del perjuicio o lesión de sus intereses económicos.

3.- Acto de disposición patrimonial consecuencia del engaño sufrido, que en numerosas ocasiones adquiere cuerpo a través de pactos, acuerdos o negocios.

4.- Ánimo de lucro, ya sea en beneficio propio o de un tercero deducible del complejo de los actos realizados.

5.- Nexo causal entre el engaño provocado y el perjuicio experimentado, apareciendo éste como inexorable resultado, toda vez que el dolo subsequens, es decir, sobrevenido y no anterior a la celebración del negocio de que se trata equivale a un mero incumplimiento de lo pactado, el que incluso, siendo intencional, carece de relevancia penal y debe debatirse exclusivamente en el campo privado».

En cuanto al **engaño**, el TS lo calificó como «*el nervio y alma de la infracción, elemento fundamental en el delito de estafa*». Así señala la **STS n.º 53/2021, de 26 de enero, ECLI:ES:TS:2021:151**:

> «(...) la jurisprudencia de esta Sala ha proclamado la construcción del reproche penal por estafa desde la exigencia de un engaño que el sujeto activo despliega de manera adecuada para que despierte en el sujeto pasivo una convicción equivocada de la realidad existente, de modo que el destinatario del engaño, impulsado precisamente por esa incorrecta e inducida persuasión, realice voluntariamente un acto de disposición patrimonial que no se hubiera abordado de otro modo y que le perjudica. Es decir, **es el engaño el que induce o determina a realizar la entrega del bien o desplazamiento patrimonial por parte del sujeto pasivo. De modo que, aunque medie actividad fraudulenta, si quien realiza el desplazamiento patrimonial, no lo hace movido por error generado por el engaño, no se cumplimentan los elementos de la estafa** típica, objeto de acusación».

Resulta interesante el examen que del engaño efectúa el **ATS rec. 2315/2025, de 16 de octubre, ECLI:ES:TS:2025:10466A**, trayendo a colación numerosa jurisprudencia, que sintetizamos a continuación:

- El engaño típico en el delito de estafa es el que genera un riesgo jurídicamente desaprobado para el bien jurídico tutelado y, más concretamente, el idóneo para provocar el error determinante de la disminución patrimonial ajena. Se incluyen aquí la simulación de circunstancias inexistentes o la disimulación de las que realmente existen, que actúa como medio para mover la voluntad del titular de los bienes o derechos o del que puede disponer de ellos en términos que no se habrían dado sino se hubiera conocido la realidad. (**STS n.º 370/2021, de 4 de mayo, ECLI:ES:TS:2021:1849**).

- Se trata de cualquier argucia utilizada por el sujeto activo de la estafa para inducir a error al sujeto pasivo, el cual tendrá un conocimiento distorsionado de la realidad que opera en su voluntad y le lleva a hacer cosas que de otro modo no habría realizado. (**STS n.º 185/2015, de 25 de marzo, ECLI:ES:TS:2015:1386**).

- El engaño ha de ser antecedente, causante y bastante, es decir, suficiente para viciar el consentimiento del sujeto pasivo. (**STS n.º 155/2025, de 20 de febrero, ECLI:ES:TS:2025:764**).

- Cabría exonerar de responsabilidad al sujeto activo de la acción cuando el engaño sea tan burdo, grosero o esperpéntico que no puede inducir a error a nadie de una mínima inteligencia o cuidado. (**STS n.º 771/2025, de 25 de septiembre, ECLI:ES:TS:2025:4091**).

En cuanto a la **exigencia de dolo** en el delito de estafa, cabe destacar que la comisión de este delito no está reservada de forma exclusiva a los supuestos de dolo directo de enriquecimiento ilícito, sino que será suficiente el dolo eventual para colmar la tipicidad de los hechos. Esto último se puede apreciar, por ejemplo, en aquellos casos en que una de las partes oculta información relevante respecto de la alta probabilidad de incumplimiento, determinando, con tal omisión, la celebración del negocio y el desplazamiento patrimonial a su favor a pesar del elevado riesgo de no cumplir (**STS n.º 327/2025, de 9 de abril, ECLI:ES:TS:2025:1488**).

El engaño por parte del sujeto activo el cual es consciente de las consecuencias de su conducta (dolo) va a determinar el siguiente elemento, es decir, ha de impulsar o inducir al sujeto pasivo a la realización del acto de disposición patrimonial. Realizado este se produce el perjuicio patrimonial consiguiente para el sujeto pasivo de la estafa.

En definitiva, concurriendo todos los elementos examinados estaremos ante un delito de estafa.

A continuación, a título de ejemplo, y con alusión a un caso de suplantación de identidad analizaremos la concurrencia de dichos elementos en el supuesto planteado en la **SAP de Zaragoza n.º 348/2023, de 27 de noviembre, ECLI:ES:APZ:2023:2074.** Se trata aquí del caso de un delito de estafa continuada en el que el acusado utiliza los datos personales de su entonces pareja para solicitar diversos préstamos en plataformas digitales sin su conocimiento ni consentimiento. Después de exponer los elementos que han de concurrir en el delito de estafa, concluye la audiencia que los mismos se dan en este caso. **¿Cómo se manifiestan dichos elementos en este supuesto?**

- Engaño bastante: concurre en la suplantación de identidad que efectúa el acusado al utilizar los datos personales de su pareja sin su consentimiento, creando un contexto adecuado que lleva a pensar que quien actúa es ella cuando solicita los préstamos. Dicha maniobra reviste apariencia de seriedad y realidad suficientes a los efectos del delito.

- Error: se origina la creencia de que quien actúa es la pareja del acusado, de modo que las entidades prestamistas desconocen la realidad y actúan atendiendo a la simulación creada.

- Acto de disposición patrimonial: la situación creada lleva a la concesión de los préstamos a favor de la pareja del acusado, siendo una cuenta de su titularidad la que recibe las cantidades contribuyendo al error de las entidades prestamistas.

- Perjuicio económico: consecuencia del acto de disposición patrimonial se genera perjuicio económico para la supuesta actuante, toda vez que será a ella a quien las entidades prestamistas reclamen los importes de los préstamos y también para dichas entidades porque no cobrarán aquellos importes.

- Ánimo de lucro: la finalidad del acusado con esta actuación es obtener un beneficio económico para sí mismo, lo cual refleja claramente las disposiciones de las cantidades ingresadas que el acusado hace mediante reintegros utilizando la tarjeta de débito de su pareja.

- Nexo causal entre el engaño y el perjuicio causado: resulta claro el nexo que existe entre la suplantación de identidad del acusado generando la situación engañosa con el perjuicio económico que dicha actuación ocasiona.

En definitiva, se confirma la condena del acusado desestimándose el recurso de apelación, toda vez que alegada la concurrencia de la aquiescencia de la pareja en las actuaciones, esta la niega y no resulta acreditada, señalando la sentencia:

> «(...) el dinero conseguido era aprovechado o dispuesto por el acusado de manera inmediata, bien obteniéndolo de manera efectiva, bien por ingreso en cuenta bancaria titularizada a su nombre.
>
> Se argumenta de manera convincente en la sentencia, corroborando la versión de la denunciante y perjudicada, que si hubiera sido ella quien hubiera realizado los microcréditos habría dado su número de teléfono y no el del acusado, por entonces su pareja. Este dato implica que debe de ser el denunciado, ante la evidencia expuesta, el que deba probar o corroborar la anuencia de la víctima, cuestión no realizada por lo que la conclusión de la falta de consentimiento y conocimiento de la operativa realizada por el denunciado debe aceptarse».

La suplantación de identidad como argumento exculpatorio de la estafa

La suplantación de identidad también es uno de los argumentos más alegados para evitar la condena por estafa. Así, siendo un argumento muy manido en este tipo de conductas también son numerosos los casos en que el mismo no sirve para desvirtuar el carácter delictivo de la estafa y la responsabilidad penal del que alega ser suplantado. A continuación, mencionamos algún ejemplo.

El supuesto resuelto en la **STS n.º 889/2025, de 29 de octubre, ECLI:ES:TS:2025:4696**, refleja el caso de una persona que le compra a otra a través de una aplicación de compraventa de segunda mano un teléfono móvil. Hecho el pago, el comprador nunca recibe el dispositivo. El acusado, parte vendedora, se hizo pasar por una mujer en las gestiones, pero la cuenta facilitada para el ingreso del precio de venta figuraba a su nombre. Esto último es certificado por la entidad bancaria en la que se abrió la cuenta por aquel, momento en el cual aportó a la entidad su DNI hasta en tres ocasiones.

Denunciado por estos hechos, alega la parte vendedora una supuesta suplantación de identidad que respalda con varias denuncias policiales en ese sentido. No obstante, no prueba en modo alguno la supuesta y poco creíble suplantación, recayendo sobre ella dicha carga. Concluye el Alto Tribunal que concurren en este caso los elementos de la estafa, señalando:

> «(...) el tribunal tiene acreditado el engaño determinante de la estafa por la que es condenado por el juzgado de lo penal confirmado en la sentencia de la AP en sede de apelación, en tanto hay un desplazamiento patrimonial con engaño aparentando que se vendía un teléfono móvil cuando no era cierto porque se recibe el dinero en la cuenta del recurrente y no se entrega ningún teléfono. Y consta acreditada la colaboración del recurrente mediante la apertura de la cuenta que consta en la prueba practicada, sin que conste duda alguna respecto de la titularidad de la cuenta del recurrente, y sin que, a su vez, conste el extremo que alega de suplantación de

identidad, cuando existe probanza de que fue el recurrente quien apertura la cuenta que se facilita al perjudicado para que se ingrese el dinero, y sin que haya entregado teléfono móvil alguno. Hubo dolo coetáneo al momento del pacto para ingresar el dinero en la cuenta del recurrente y todo se hizo con engaño».

Otro supuesto semejante se contempla en la **SAP de Navarra n.º 242/2025, de 19 de septiembre, ECLI:ES:APNA:2025:1602,** en la que de nuevo se alega la suplantación de identidad para evitar la condena por estafa, si bien la misma no resulta creíble ni parece justificada. Además, el acusado, a pesar de alegarla, no da explicación alguna sobre ella en el juicio. Así, se resuelve lo siguiente:

> «(...) de un lado, del análisis de las pruebas practicadas, véase declaración del perjudicado y la prueba documental obrante en el procedimiento, queda acreditado que el Sr. Carlos Jesús engañó al Sr. Jacobo, denunciante simulando una compraventa en la plataforma wallapop de modo acorde con los usos habituales dentro de la misma, consiguiendo que el denunciante le remitiera la bicicleta marca Orbea que había puesto en venta sin abonar nunca su valor y, sin tener intención alguna de proceder al pago, tratando además de que con posterioridad el denunciante realizara dos transferencias bancarias, siendo una de ellas de su titularidad tal y como aquedo acreditado en la investigación policial. Y de otro lado, coincidimos en el juzgado a quo, en que: "en este caso existe prueba de cargo bastante, por el DNI, la titularidad de la cuenta y la dirección de entrega de la bicicleta, que precisaban de una explicación del acusado si es que el mismo tiene una versión alternativa de los hechos. A falta de ella, no cabe sino concluir que se han acreditado los hechos por los que se mantenía acusación"».

También resulta interesante el caso planteado en la **SAP de La Rioja n.º 117/2025, de 1 de agosto, ECLI:ES:APLO:2025:435,** pues en ella se da la situación inverosímil en la que una persona abre una cuenta bancaria con la finalidad de que en ella se realicen entradas y salidas de dinero relacionadas con ventas online falsas como las que se plantean en los supuestos analizados anteriormente. Dicha persona titular de la cuenta tiene conocimiento de dichos movimientos de dinero, pero se respalda en una supuesta obligación laboral en la que por facilitar la cuenta recibe una contraprestación económica, pero sin participar en la estafa propiamente dicha.

En un intento de eludir su responsabilidad, el titular de la cuenta alegó la suplantación de identidad, si bien de su propia declaración se infiere que es conocedor de las actuaciones que se están llevando a cabo y resulta inverosímil su versión en relación con entender su actuación como parte de un contrato de trabajo. En definitiva, se califica su actuación de cooperación necesaria, sin que eluda su responsabilidad penal:

> «Se produce por lo tanto un actuación a título de cooperador necesario, en cuanto que interviene cuando el delito aún no se ha consumado, proporcionando la cuenta bancaria de destino a la que directamente irá a parar el dinero de la cuenta de la víctima, siendo una aportación sin la cual el delito no se habría podido cometer y su imputación deriva de los datos

señalados se basa en lo que se ha denominado "ignorancia deliberada" que es la que se atribuye a quien, teniendo a su alcance la posibilidad de despejar las dudas que naturalmente le pueden surgir como consecuencia de la propia mecánica en la que se involucra, es decir, el constante trasiego de dinero en su cuenta, no lo hace y ello para obtener el provecho (250.-euros y otros 50 euros por semana) por lo que al menos cabe atribuir a título de dolo eventual la estafa».

CUESTIÓN

¿Basta la denuncia de sustracción del DNI para desvirtuar la autoría de la estafa a través de la apertura de una cuenta bancaria?

No, será necesario tener en cuenta otros aspectos. Así se refleja en el caso planteado en la **SAP de Madrid n.º 358/2025, de 18 de septiembre, ECLI:ES:APM:2025:12571.** En él el acusado realizó una llamada a una empresa haciéndose pasar por un trabajador de una compañía eléctrica, advirtiéndole de que existía una cantidad pendiente de abono que debía sufragar para que no le cortaran el suministro. El contable de la empresa hizo la transferencia bajo la creencia de que la llamada era real. Denunciados los hechos se castigan como constitutivos de estafa.

Frente a la condena interpone el acusado —titular de la cuenta que recibe el pago y que realiza la llamada— recurso alegando que había sido suplantada su identidad para abrir la cuenta. A estos efectos acompaña denuncia de la sustracción de su DNI. Pues bien, esta denuncia no se considera suficiente, en este caso, para exonerarle de responsabilidad por suplantación de identidad, señalando la audiencia lo siguiente:

«Se argumenta que este acusado formuló una denuncia de la sustracción de su DNI el 9 de septiembre de 2.020 en la Comisaría de Carabanchel, en la que se decía que el DNI le había sido sustraído el día 9 de agosto de 2.020, por lo que difícilmente pudo abrir una cuenta corriente en ING el día 17 de agosto de 2.020. El acusado ha puesto dos denuncias una en 2020 y otra en el 2022 porque la han empezado a llegar varias denuncias por suplantación de identidad, no dando razón de la primera. El hecho de poner la denuncia no desvirtúa el hecho de que fuera él la persona que abrió la cuenta. Pero, además, la denuncia de 9 de septiembre de 2020, que obra a los folios 47 y 48, lo es por extravió del documento nacional de identidad y se dice que ese extravío ocurrió el mismo día de la denuncia, por lo que es posterior a la apertura de la cuenta.

Además, el DNI utilizado en la apertura no es el que se dice extraviado, que tenía un número de soporte NUM008, cuando el empleado en la apertura de la cuenta de ING tenía un número de soporte NUM009. De manera que uso otro, cuya pérdida no estaba denunciando, por lo que fue él procedimiento abreviado persona que abrió la cuenta, identificándose con el DNI suyo que tenía en su poder».

Concurso entre la falsedad documental y la estafa concurriendo suplantación de identidad

Para cometer el delito de estafa es frecuente recurrir a la falsificación de documentos suplantando así la identidad de una persona. Se trata de un concurso de delitos. A continuación, veremos algún ejemplo de este supuesto.

Un caso de concurso medial entre los delitos citados —falsedad documental y estafa— se prevé en la **SAP de Madrid n.º 243/2025, de 12 de mayo,**

ECLI:ES:APM:2025:8788, en el que se suplanta la identidad de compañeros de trabajo. **¿Cuál es el *modus operandi*?** Una empresa es contratada para la implementación de un programa informático a cuyo efecto se crea un grupo de trabajo a cargo del acusado e integrado por otras seis personas, una de ellas pareja sentimental de aquel.

Para poder acceder a las instalaciones en las que se iba a efectuar el trabajo, cada uno de los integrantes del grupo aportó su DNI, quedándose el acusado con una copia de ellos. Haciendo uso de los mismos procede a abrir cuentas corrientes a nombre de los trabajadores y a solicitar líneas de crédito a su nombre, posteriormente dispone del dinero obtenido en su beneficio exclusivo. Son múltiples los movimientos realizados al efecto y todo ello da lugar a la condena por un delito continuado de estafa agravada en concurso medial con un delito continuado de falsedad documental, mostrando el acusado su conformidad.

Otro supuesto de este tipo, en el que también existe conformidad del acusado, aparece en la **SAP de Cádiz n.º 46/2025, de 24 de febrero, ECLI:ES:AP-CA:2024:2978.** La manera de proceder en este caso fue la siguiente: el acusado trabajó como agente de seguros en una determinada compañía teniendo acceso como tal a los datos personales y documentación de la cartera de clientes de aquella, tanto durante el ejercicio de su actividad laboral como tras su cese en la misma. Dichos datos y documentación fueron utilizados de forma fraudulenta por aquel para la contratación de numerosos préstamos de escasa cuantía con diferentes entidades crediticias, movido por un ánimo de ilícito enriquecimiento, que devenían impagados y cuyo importe quedaba definitivamente integrado en su patrimonio.

Además del uso de los datos, y con el objeto de simular determinadas situaciones de solvencia que permitiesen las distintas contrataciones, también modificó determinados documentos (nóminas y certificaciones acreditativas de la percepción de prestaciones o de pensiones) y mostró una actividad entre las diferentes cuentas bancarias contratadas (reintegros en cajeros, pago de recibos, abono de gastos...).

En definitiva, estableció todo un entramado de contrataciones y movimientos usando los datos de otras personas que perseguía su enriquecimiento ilícito y que llevó a la condena por un delito de estafa y un delito de falsificación en documento público y mercantil en relación de concurso medial.

También cabe citar como otro ejemplo el caso previsto en la **SAP de Baleares n.º 542/2023, de 20 de diciembre, ECLI:ES:APIB:2023:3182.**

En sentido contrario a los casos expuestos podemos hacer referencia a la **SAP de Madrid n.º 180/2025, de 3 de abril, ECLI:ES:APM:2025:6654,** en la cual se confirma la absolución de los acusados basada en la falta de diligencia de las entidades financieras afectadas, toda vez que los documentos utilizados para suplantar la identidad son simples fotocopias del DNI. Se trataba en este caso de la solicitud de créditos a nombre de terceras personas que no los autorizaban, para ello se servían de documentación en algunos casos confeccionada por los acusados o por terceros a su petición simulando su autenticidad. Las actuaciones tenían la finalidad de que las entidades financieras autorizaran y aportaran el capital de la financiación para obtener créditos dinerarios o créditos para adquirir artículos.

Entendía el juzgado de lo penal en este caso, como recoge la audiencia, que *«las entidades financieras no han recuperado el dinero prestado por el cual reclaman, aunque el error sufrido por parte de las mismas, que les llevó a realizar las respectivas disposiciones patrimoniales y, consecuentemente, los perjuicios sufridos, no fue consecuencia del engaño llevado a cabo por los acusados, sino de la propia falta de diligencia de tales entidades, al prestar dinero a personas sin las mínimas precauciones exigibles en el tráfico jurídico para asegurar que las personas que recibían los préstamos eran realmente quienes aparecían mencionadas en las documentaciones presentadas, y no otras personas diferentes, como así aconteció en el presente caso».*

En definitiva, la desestimación del recurso por la audiencia atiende al elemento del engaño alegado por el juez *a quo*, dicho engaño no tiene entidad penal, no se considera bastante para el delito ya que las entidades financieras no adoptaron las precauciones que le eran exigibles. Señala:

> «(...) las entidades perjudicadas procedieron a conceder los respectivos préstamos sobre la base de unas simples fotocopias de los documentos de identidad de las personas que supuestamente los solicitaban, a lasque se les había suplantado la identidad, lo cual pone palmariamente de manifiesto una ligereza y falta de diligencia en el tráfico social por parte de aquellas que en realidad es la que determinó su propio error, no el engaño realizado por los acusados, de ahí que, en realidad, aunque en los hechos probados quede claro que se ha producido engaño por parte de los acusados, ello no es suficiente para la subsunción típica, al no ser dicho engaño bastante, por la razón indicada, lo que explica la absolución (...)».

A TENER EN CUENTA. Por la reforma realizada por la LO 1/2025, de 2 de enero, una vez implantados de forma efectiva los tribunales de instancia (D.T. 1.ª), todas las referencias realizadas a los juzgados unipersonales se entenderán realizadas a las secciones del orden jurisdiccional correspondiente de los tribunales de instancia.

Suplantación de identidad y consentimiento para el tratamiento de datos

La suplantación de identidad plantea también **conflicto con la necesidad de consentimiento para el tratamiento de los datos personales.** Por ejemplo, en los casos en que suplantando la identidad de una persona se contrata un préstamo, no pagándose los importes de este, la entidad financiera reclamará dichos importes a la persona suplantada en su creencia de que es ella la que actuó en la contratación. No atendiendo el pago, es incluida esa persona en ficheros de morosidad, siendo aquí donde entra en juego el tratamiento de sus datos personales en tanto aparece como deudora cuando en realidad no lo es y ello le reporta diferentes consecuencias, como puede ser el no poder contratar un nuevo préstamo por aparecer en esos ficheros.

Adquiere interés casacional, como refleja el **ATS rec. 6109/2020, de 12 de marzo, ECLI:ES:TS:2021:3327A,** el *«(...) interpretar la normativa de protección de datos de carácter personal vigente a efectos de aclarar **si la inter-***

*vención fraudulenta de un tercero, que suplanta la identidad de otra persona en una contratación on line, permite excluir la infracción del necesario consentimiento inequívoco para el tratamiento de los datos personales que exige el artículo 6 LOPD (actual artículo 6 LO3/2018, de 5 de diciembre) al entender que **la empresa contratante actuó con diligencia suficiente y en la creencia de que contrataba con el verdadero titular** de tales datos».*

A TENER EN CUENTA. El artículo 6 de la LOPDGDD señala respecto del tratamiento basado en el consentimiento del afectado:

«1. De conformidad con lo dispuesto en el artículo 4.11 del Reglamento (UE) 2016/679, se entiende por consentimiento del afectado toda manifestación de voluntad libre, específica, informada e inequívoca por la que este acepta, ya sea mediante una declaración o una clara acción afirmativa, el tratamiento de datos personales que le conciernen.
2. Cuando se pretenda fundar el tratamiento de los datos en el consentimiento del afectado para una pluralidad de finalidades será preciso que conste de manera específica e inequívoca que dicho consentimiento se otorga para todas ellas.
3. No podrá supeditarse la ejecución del contrato a que el afectado consienta el tratamiento de los datos personales para finalidades que no guarden relación con el mantenimiento, desarrollo o control de la relación contractual».

Al caso planteado en el meritado auto viene a dar respuesta la **STS n.º 1456/2021, de 13 de diciembre, ECLI:ES:TS:2021:4660**, que resuelve el recurso de casación admitido por aquel.

¿Cuáles son los hechos en este caso? A través de una suplantación de identidad un tercero procede a la contratación de microcréditos en una determinada entidad financiera. Esta actúa en la creencia, basada en la situación de apariencia creada por el tercero, de que la persona contratante es la suplantada. A este efecto, debe resaltarse que son varios los mecanismos de validación utilizados por la entidad financiera que permiten verificar la identidad de la persona actuante y que en este caso han sido cumplidos bajo la apariencia de ser la persona suplantada la que actúa.

No atendidos los requerimientos de pago dirigidos por la entidad financiera a la persona suplantada, se procede a incluir a esta en un fichero de morosos. A raíz de esto, la persona suplantada basándose en que no ha consentido el tratamiento de sus datos, pues no es ella la que los facilita sino la persona que contrata usando sus datos, así como en que los datos que constan en el fichero de morosos no son los suyos, ya que realmente no existe deuda alguna de la que sea titular, reclama la cancelación de los datos y que se sancionen los hechos.

En consonancia con su reclamación, la AEPD impone una multa a la entidad financiera que confirma posteriormente la Audiencia Nacional, en tanto entienden que existe infracción del artículo 6 de la LOPDGDD y la entidad no adoptó las medidas que la diligencia impone al objeto de acreditar la identidad de la persona que contrata con ella y para garantizar que quien facilita como suyos datos personales es su verdadero titular.

Interpuesto el recurso de casación al respecto y planteándose la cuestión ya citada inicialmente **¿cuál es la postura del TS?** Compartida por el TS la postura de la AN acerca de la insuficiencia de las medidas de verificación utilizadas por la entidad financiera, desestima el recurso de casación y resuelve la cuestión de interés casacional en los términos siguientes:

«(...) la **intervención fraudulenta de un tercero**, que suplanta la identidad de otra persona en una contratación on line, **no excluye que la empresa contratante**, que lleva a cabo el tratamiento de los datos personales, **haya podido incurrir en infracción por falta del necesario consentimiento** inequívoco que exige el artículo 6 de la Ley Orgánica 3/2018, de 5 de diciembre, pues aquella **intervención fraudulenta de un tercero no implica por sí misma que la empresa contratante haya actuado con diligencia suficiente**.

Lo anterior **no significa que se haga recaer sobre la empresa contratante la responsabilidad de impedir que se produzca un hecho ilícito o delictivo**, como es la utilización fraudulenta de un DNI por parte de quien no es su titular. Pero **sí es exigible a dicha empresa contratante**, como diligencia necesaria para que no se le pueda reprochar el incumplimiento de sus obligaciones en materia de protección de datos de carácter personal - tanto en lo que se refiere a la exigencia de consentimiento del interesado como en lo relativo al principio de veracidad y exactitud de los datos- **la implantación de medidas de control y verificación tendentes a asegurar que la persona que pretende contratar es quien dice ser**, esto es, que coincide con el titular del DNI aportado».

Un supuesto en que se reconoce que **la empresa sí aplicó todas las precauciones exigidas**, es decir, actuó diligentemente, es el previsto en la **SAP de Coruña n.° 61/2021, de 24 de febrero, ECLI:ES:APC:2021:582**, confirmado posteriormente por la **STS n.° 126/2022, de 17 de febrero, ECLI:ES:TS:2022:634**.

El caso es semejante al anteriormente expuesto, resultando probado de forma clara en el proceso —prueba caligráfica, entre otras— que existe una suplantación de identidad en la contratación que origina la deuda y la consiguiente inclusión en el fichero de morosos. No obstante, aquí el contrato que origina la deuda (compraventa) se formaliza de forma domiciliaria presentando el comprador el DNI de la persona suplantada. En este sentido, se absuelve a la entidad demandada respecto del tratamiento de los datos. Así la audiencia recoge en su fallo, lo resuelto en primera instancia, señalando:

«(...) si bien **es cierto que se han incluido los datos personales de don Germán en un registro de morosos de forma errónea e indebida**, en cuanto que no se habría probado la existencia de una deuda cierta a cargo del mismo, **ello no se puede atribuir a un mal tratamiento de los datos por parte de la entidad** acreedora EDP o a una errónea gestión del expediente, en cuanto que tal entidad mercantil habría concertado un contrato con quien se identificó como el demandante, usando indebidamente su DNI (previamente extraviado o sustraído) y aportando teléfono y cuenta bancaria de domiciliación que también aparecían a nombre del actor. Y las notificaciones que han realizado o intentado realizar las dos demandadas se han dirigido al domicilio que consta en el contrato. Es decir, **no se aprecian motivos para valorar culpa o negligencia alguna de la entidad EDP** al comunicar los datos de morosidad a la entidad Equifax, y **está última habría procedido diligentemente y con toda celeridad a cancelar esos datos en cuanto ello fue solicitado** por el demandante. Se habría producido una suplantación de identidad, o usurpación de identidad, o estafa, o cualquiera que sea el "nomen iuris" que se quiera dar a la actuación ilegítima e ilícita de un tercero al usar indebidamente el DNI del actor, de tal manera que ese tercero habría causado, o mejor dicho, causó efectivamente un perjuicio t**anto a EDP como al demandante, sufriendo ambos litigantes las consecuencias de la actuación defraudatoria de un tercero**. Además, hay que tener en cuenta que el demandante reparó en la indebida inclusión de sus datos en el fichero en el mes de enero de 2.018, y dentro de ese mismo mes denunció el hecho, lo puso en conocimiento de Equifax, consiguió la cancelación de sus datos, y obtuvo el préstamo o crédito que pretendía, y que, según dice, le había sido negado previamente por dos entidades financieras como consecuencia de los datos publicados por el fichero o registro Asnef».

Y **confirma el fallo la AP de A Coruña** al establecer:

«(...) el contrato de compraventa se formalizo de forma domiciliaria y el comprador presentó DNI, cuenta bancaria y teléfono, todos ellos a nombre del ahora demandante, por lo que existían los datos necesarios para el otorgamiento del contrato, no pudiendo exigirse que el vendedor domiciliario compruebe si la cara que figura en el carnet de identidad es la de la persona que firma el contrato, máxime cuando dicha persona presentó un contrato de apertura de cuenta corriente en un banco a nombre del demandante.

Por otra parte, el demandante tenía que haber acreditado la fecha en que perdió o le sustrajeron el carnet de identidad o cuando menos la fecha en que presentó la denuncia por la desaparición de dicho documento, y al no haberlo hecho así, tenemos que considerar que o bien no presentó la correspondiente denuncia, o bien no la presentó con anterioridad a que se concertara el contrato de compraventa, y tenemos que considerarlo así por cuanto el demandante apelante en ningún momento ofreció una explicación de las razones por las cuales no facilitó los datos que acreditan la presentación de la denuncia.

Por lo tanto de existir alguna imprudencia que dio lugar a la formalización del contrato de compraventa, al posterior impago y a la inscripción del demandante en el fichero de morosos, únicamente puede imputarse a dicha persona -además claro está a la persona que suplantó su personalidad- que se vio privado de su carnet de identidad, que fue usado para el contrato de compraventa, y no denunció, o cuando menos no acreditó que hubiera denunciado, la pérdida del documento».

Interpuesto el **recurso de casación**, el TS resume la cuestión central del mismo en la siguiente: ***«¿a la vista de las circunstancias que califican el caso, incurrieron las recurridas en intromisión ilegítima en el derecho al honor del recurrente por la inclusión de sus datos en un fichero de información sobre solvencia patrimonial y crédito?».***

Para dar una respuesta el Alto Tribunal (**STS n.º 126/2022, de 17 de febrero, ECLI:ES:TS:2022:634**) parte de la premisa de que la introducción de datos de carácter personal relativos al cumplimiento o incumplimiento de obligaciones dinerarias en un fichero de información sobre solvencia patrimonial y crédito **afecta siempre al honor de su titular**, esto es así en tanto existe una valoración social negativa de las personas incluidas en estos registros. No obstante, **lo anterior no significa que el derecho al honor se vea vulnerado**.

Atendiendo a las circunstancias de este caso que justifican razonablemente el que la vendedora identificase como comprador a la persona suplantada y le atribuyese la condición de deudora y teniendo en cuenta que la suplantación de identidad no se limitó a la simple utilización del DNI de un tercero, hubo más hechos que corroboraban la identidad del titular. En este sentido, resuelve el TS:

> «(...) el **error en la inclusión de los datos del recurrente propiciado por la suplantación de su identidad** en el momento de la contratación **sin que se pueda imputar a la entidad contratante recurrida,** a la vista de las circunstancias concurrentes, **falta de diligencia en la identificación del comprador, debe considerarse un error excusable**, sobre el que no cabe apoyar la existencia de una intromisión ilegítima en el derecho al honor del recurrente».

Finalmente, traemos a colación un caso semejante al anterior en que incluso se cita la sentencia del TS analizada, si bien en ella el fallo es *a sensu contrario*, ya que se condena a la empresa —compañía telefónica— por no ser diligente. Se trata de la **SAP de Madrid n.º 80/2025, de 27 de febrero, ECLI:ES:APM:2025:3415**.

Los hechos parten también aquí de una suplantación de identidad. La denunciante pierde su DNI y valiéndose de este documento un tercero contrata determinados servicios con una compañía telefónica. La **sentencia de instancia**, siguiendo la argumentación prevista en la **STS n.º 126/2022, de 17 de febrero, ECLI:ES:TS:2022:634, absuelve a la empresa entendiendo que su error es excusable y que no se le podía exigir mayor diligencia**. Recurrido el fallo en apelación, la **AP de Madrid no lo comparte**, entiende que no es el mismo caso de la sentencia mencionada, por cuanto en este supuesto sí que **se podía exigir mayor diligencia** a la empresa en cuestión.

Concluye la audiencia:

> «III) La empresa que contrata a partir de la exhibición de un DNI **sí puede adoptar ciertas medidas precautorias para garantizarse que la persona con la que contrata es la verdadera titular de ese DNI**. Puede comprobar que es la titular o usuaria del número de teléfono que se le facilita. Y puede comprobar que es titular de la cuenta bancaria en la que se van a domiciliar los pagos. Como indica la actora, podría haber exigido un certificado de cuenta bancaria o un recibo bancario para comprobar número de cuenta y domicilio. No se comparte, sin embargo, la alegación actora de que la firma del DNI fuera muy distinta de la estampada por la contratante fraudulenta, pues basta comparar una y otra para apreciar que son parecidas las dos firmas.
> En fin, pueden imaginarse otras formas de garantizar la autenticidad de la intervención de una persona que contrata, con mayor motivo si quien lo hace (Vodafone) se dedica profesionalmente a realizar numerosas contra-

taciones y es sabido hoy en día que existen numerosos fraudes a base de utilizar un DNI ajeno sin consentimiento de su titular.

(...)

De haber actuado Vodafone como se indica, **asegurándose de la identidad de la persona con la que contrataba, no se hubiera producido el error, que por ello no puede calificarse de excusable.** Al no ser excusable, ha de afirmarse que contrató negligentemente como si su contraparte fuera realmente la hoy demandante D.ª Milagrosa , pero no era así, no habiendo desplegado una actividad de comprobación de la identidad de la otra contratante que le era exigible. No basta la simple exhibición de un DNI, que luego se comprobó que no correspondía a la contratante falsaria, sino que es exigible a Vodafone **un plus de diligencia y la verificación de que quien le enseña ese documento es realmente su titular;** al no hacerlo, provocó los impagos y la consecuente inclusión de D.ª Milagrosa en los ficheros de solvencia pese a no haber contratado ella con Vodafone ni ser responsable, por tanto, de esos impagos».

5.
SUPLANTACIÓN DE LA IDENTIDAD A TRAVÉS DEL ACCESO A EQUIPOS INFORMÁTICOS Y REDES SOCIALES

Modalidades de suplantación de identidad a través del acceso a equipos informáticos

La suplantación de identidad a través del acceso a equipos informáticos constituye una de las modalidades más preocupantes de ciberdelincuencia en la actualidad.

Este fenómeno se enmarca dentro de los delitos informáticos y se caracteriza por el uso indebido de herramientas tecnológicas para hacerse pasar por otra persona o entidad, con el objetivo de obtener información confidencial, realizar transacciones fraudulentas o cometer otros actos ilícitos. Entre las técnicas más comunes se encuentran el *phishing*, el *spoofing* y el *voice hacking*, cada una con particularidades que evidencian la sofisticación de los métodos empleados por los ciberdelincuentes. La evolución de estas prácticas delictivas plantea importantes retos legales y tecnológicos, exigiendo tanto a las instituciones como a los usuarios una mayor concienciación y adopción de medidas preventivas para mitigar sus efectos.

|| ¿Qué es el *voice hacking*?

El *voice hacking* se refiere a técnicas para manipular la voz de las personas utilizando tecnologías avanzadas, como la clonación de voz mediante inteligencia artificial. Esta técnica permite replicar la voz de una persona específica y crear grabaciones que suenan auténticas, también conocidas como *deepfake* de voz. Los estafadores pueden grabar la voz de una persona sin su consentimiento y usar ese audio para crear mensajes falsos que parecen auténticos, comprometiendo la seguridad de dispositivos como asistentes virtuales y otros dispositivos IoT.

Existen varios tipos de estafas con *voice hacking*:

- **Vishing**: técnica de estafa en la que los delincuentes utilizan llamadas telefónicas para engañar a las víctimas y obtener información confidencial, haciéndose pasar por representantes de instituciones confiables.

- **Suplantación de identidad por voz**: los ciberdelincuentes emplean software avanzado de clonación de voz para replicar la voz de una persona específica y realizar llamadas telefónicas o enviar mensajes de texto que parecen ser de alguien de confianza.

- **Asistentes de voz y dispositivos IoT**: los atacantes pueden explotar vulnerabilidades en dispositivos como asistentes virtuales o sistemas de seguridad doméstica conectados a Internet para ejecutar comandos no autorizados.

Algunos ejemplos de *voice hacking* los recoge el INCIBE:

- **Voz de un familiar**. Una usuaria recibió una llamada con la voz de su marido pidiéndole que enviara un mensaje a un número específico, pero resultó ser una voz generada por inteligencia artificial.

- **Caso de Jennifer DeStefano**. En 2023, Jennifer recibió una llamada de alguien que imitó la voz de su hija, exigiendo un rescate de 50.000 dólares. La hija estaba a salvo y nunca había sido secuestrada.

- **Caso de Ruth Card**. Una mujer canadiense recibió una llamada de alguien que sonaba como su nieto, diciendo que estaba detenido y necesitaba dinero para pagar la fianza. Resultó ser una estafa.

- **Fraude a gran empresa de Reino Unido**. En 2019, una empresa de energía fue estafada por 220.000 euros cuando los atacantes utilizaron software de inteligencia artificial para clonar la voz del CEO de la empresa matriz.

A TENER EN CUENTA. El *voice hacking* también es conocido como *deepfake* de voz.

|| ¿Qué medidas debemos adoptar para protegernos del *voice hacking*?

Para protegerse contra los fraudes de *voice hacking*, es esencial adoptar una serie de medidas preventivas y prácticas de seguridad. A continuación, se resumen algunas recomendaciones clave:

- **Desconfianza de llamadas de números desconocidos**: verificar la identidad del interlocutor antes de compartir información personal. Sospechar de peticiones inusuales o historias urgentes y contrastar la información por otros medios conocidos. Mantener la calma y buscar apoyo en personas de confianza si hay dudas.

- **Cambio regular de contraseñas**: utilizar contraseñas seguras y únicas para cada cuenta, combinando letras, números y caracteres especiales. Evitar el uso de la misma contraseña en múltiples cuentas y considerar el uso de un gestor de contraseñas para generar y almacenar contraseñas complejas.

- **Configuración de la autenticación de voz**: configurar esta función en dispositivos compatibles para que respondan solo a voces registradas, añadiendo una capa adicional de seguridad. Revisar y actualizar regularmente las configuraciones de autenticación de voz.

- **Evitar el uso de asistentes de voz en público**: utilizar asistentes de voz en entornos privados para minimizar el riesgo de exposición y evitar que otras personas puedan grabar la voz para usos malintencionados.
- **Mantener los dispositivos actualizados**: instalar actualizaciones de seguridad y parches tan pronto como estén disponibles para reducir el riesgo de explotación de vulnerabilidades.

Estas medidas ayudan a minimizar los riesgos asociados con el *voice hacking* y otros tipos de fraudes relacionados con la voz.

‖ ¿Qué es el *spoofing*?

El *spoofing* es una técnica de ciberataque que involucra tres partes:

- El atacante.
- La víctima.
- Un sistema o entidad falsificada.

El *modus operandi* consiste en que el atacante envía un correo electrónico que parece provenir de una fuente legítima, como una red social, alertando sobre una actividad sospechosa y solicitando a la víctima que actualice su contraseña a través de un enlace proporcionado. La víctima, creyendo que el correo es auténtico, ingresa sus credenciales en una página web falsa, permitiendo así al atacante robar su información.

Si bien, existen varias modalidades de *spoofing*:

- **Spoofing de página web**: suplantación de una página web real por una falsa para obtener información sensible. La protección incluye revisar cuidadosamente la URL y desconfiar de sitios sin https o certificados digitales.
- **Spoofing de correo electrónico**: suplantación de la dirección de correo de una persona o entidad de confianza para solicitar información personal o enviar malware. La protección incluye el uso de firma digital o cifrado en los correos electrónicos y revisar el contenido del mensaje.
- **Spoofing de dirección IP**: falsear la dirección IP para eludir restricciones de seguridad y enviar paquetes con malware, comúnmente utilizado en ataques DDoS. La protección incluye configuraciones de seguridad en *routers* y sistemas de detección de intrusiones.

Por lo tanto, para protegerse es esencial verificar la autenticidad de los correos y enlaces, utilizar medidas de seguridad como, por ejemplo, firmas digitales y certificados, y mantener una vigilancia constante sobre las comunicaciones y accesos a sistemas.

‖ Suplantación de identidad telefónica o *vishing*

La suplantación de identidad telefónica, conocida como *vishing*, representa una de las modalidades más sofisticadas de fraude en el ámbito de la ciberdelincuencia. Este tipo de estafa se basa en técnicas de ingeniería social, mediante las cuales los delincuentes, a través de llamadas telefónicas, se hacen pasar por entidades legítimas, como bancos, empresas o instituciones públicas, con el objetivo de obtener información confidencial de las víctimas. La urgencia y la presión ejercidas durante estas llamadas son elementos clave para manipular a los usuarios y lograr que actúen impulsivamente, facilitando datos personales o bancarios que posteriormente son utilizados para cometer delitos. La creciente dependencia de los dispositivos móviles y la digitalización de servicios han incrementado la vulnerabilidad de los usuarios frente a este tipo de prácticas fraudulentas, haciendo imprescindible la adopción de medidas preventivas y una mayor concienciación sobre los riesgos asociados.

Un ejemplo de **suplantación de identidad telefónica** lo encontramos en la **sentencia de la AP de Valencia n.º 325/2025, de 4 de junio, ECLI:ES:APV:2025:1189**.

Un cliente de una entidad bancaria fue víctima de una estafa mediante una llamada telefónica que simulaba ser del departamento de ciberseguridad de dicha entidad. Durante la llamada se le solicitó un código SMS que permitió realizar una transferencia no autorizada de 5.000 euros desde su cuenta. La llamada provenía de un número que coincidía con una sucursal real de Unicaja Banco.

El cliente interpuso demanda contra la entidad bancaria a través de la que solicitó la declaración de responsabilidad del banco por los daños sufridos y la condena al pago de 5.000 euros más intereses y costas procesales.

Por su parte la entidad alegó que el cliente actuó con negligencia grave al facilitar sus claves, argumentando que la responsabilidad recaía exclusivamente en el cliente según el contrato de banca a distancia.

La Audiencia Provincial confirma que este fraude se perpetró mediante técnicas sofisticadas que simularon ser la entidad bancaria, lo que generó en el cliente una apariencia fiable, además, la entidad bancaria no aportó pruebas suficientes para demostrar la negligencia grave por parte del cliente ni tampoco para esclarecer cómo se vulneraron los datos personales del demandante.

En estos casos la carga de la prueba recae sobre la entidad bancaria, que debe demostrar que la operación fue autenticada correctamente y que el cliente actuó con negligencia grave o dolo.

Así, la sentencia reafirma la responsabilidad de las entidades bancarias en casos de fraude electrónico, destacando la necesidad de garantizar la seguridad de las operaciones y de asumir la carga probatoria en situaciones de *phishing*. La actuación del demandante fue considerada diligente, mientras que la entidad no logró demostrar negligencia grave ni dolo por parte del cliente.

Otra modalidad de suplantación de identidad telefónica es la conocida como la *SIM Swapping* donde la tarjeta SIM utilizada es una tarjeta inteligente que se inserta dentro del terminal móvil, que contiene un chip en el que se almacena la clave del servicio de suscriptor o abonado usado para identificarse ante la red, y el IMSI que es el código de identificación en la red de comunicaciones móviles celulares y es fundamental para identificar al abonado, y como está almacenado en la tarjeta SIM, quien tenga dicha tarjeta, en este caso el suplantador, tiene el IMSI almacenado. Además, en cuanto el suplantador introduzca la SIM en un terminal y lo encienda, el IMSI va a ser accedido e intercambiado con la red.

Es decir, la expedición inadecuada de la tarjeta SIM del teléfono móvil de una persona a un tercero que suplanta su identidad, permite a dicho tercero acceder a la información confidencial almacenada en dicha tarjeta y a la línea del legítimo titular de la tarjeta SIM, existiendo una clara pérdida de confidencialidad pues los datos son transmitidos a un tercero ilegítimamente. (**SAN, rec. 794/2022, de 24 de mayo de 2024, ECLI:ES:AN:2024:2485**).

‖ Suplantación de identidad a través de redes sociales

De acuerdo con el apdo. 1. 3.ª art. 172 ter del CP:

> «1. Será castigado con la pena de prisión de tres meses a dos años o multa de seis a veinticuatro meses el que acose a una persona llevando a cabo de forma insistente y reiterada, y sin estar legítimamente autorizado, alguna de las conductas siguientes y, de esta forma, altere el normal desarrollo de su vida cotidiana:
>
> (...)
>
> 3.ª Mediante el uso indebido de sus datos personales, adquiera productos o mercancías, o contrate servicios, o haga que terceras personas se pongan en contacto con ella».

Como ejemplo, la **sentencia de la Audiencia Provincial de Madrid n.º 335/2025, de 17 de octubre, ECLI:ES:APM:2025:13008**, en la que se analiza unos hechos donde la persona denunciada facilitó, sin consentimiento, el número de teléfono de la denunciante a terceros, incitándolos a contactar masivamente con ella a través de Telegram. **Este acto se considera una forma de acoso indirecto, ya que el denunciado no realizó directamente el acoso reiterado, sino que indujo a otros a llevarlo a cabo**. La conducta del denunciado se califica como autor mediato, es decir, alguien que utiliza a terceros para ejecutar una acción ilícita.

La sentencia también señala que no es necesario analizar en profundidad la intención del denunciado, ya que el hecho de compartir la invitación a terceros mediante la aplicación Telegram constituye una inducción directa a una conducta coactiva. Además, se destaca que no se requiere prueba pericial ni cotejo adicional, dado que el denunciado admitió los hechos en su declaración, reconociendo que compartió las fotos en varios grupos.

Aunque se menciona que la conducta podría encajar mejor en el delito menos grave de acoso, se concluye que los actos realizados por el denunciado cumplen con los elementos del tipo penal de coacciones, al representar un ataque significativo al sosiego y la libertad de la denunciante. La acción de compartir su contacto sin consentimiento obligó a la denunciante a soportar una intrusión grave en su esfera de libertad.

Otro ejemplo lo encontramos en la **sentencia de la Audiencia Provincial de Valladolid n.º 58/2011, de 9 de marzo, ECLI:ES:APVA:2011:320**, donde una persona **accede en al menos 175 ocasiones al perfil de la red social Tuenti de otra persona, suplantando su identidad**.

La persona denunciada por los anteriores hechos publicó insultos graves hacia compañeros del instituto utilizando dicho perfil. Como consecuencia, la denunciante recibió insultos, amenazas y fue agredida físicamente, sufriendo estrés psicológico que requirió tratamiento.

Concluye la audiencia en este caso:

«Estimando la Sala que, como se razona por el juzgador de Instancia, ha de considerarse "acreditado que Julia sufrió un proceso de victimización, consecuencia de un acoso escolar sostenido, que le produjo un importante estrés psicológico, afectando a su desarrollo personal y emocional", lo que ha de resolverse al dar respuesta al motivo ahora analizado es: por una parte, si existe una relación de causalidad entre la acción cometida por la menor expedientada y los daños y perjuicios sufridos por la víctima, y, por otra, y de darse una respuesta afirmativa a tal cuestión, la cuantía en la que debería fijarse la indemnización por tales daños y perjuicios.

Estima la Sala que, en trance de dilucidar si puede establecerse una relación de causalidad entre la acción de la menor expedientada y los padecimientos sufridos por Julia, ha de concluirse con una respuesta afirmativa puesto que, si bien es cierto que tales padecimientos tuvieron como causa inmediata las acciones de aquellos que había recibido los insultos y amenazas, no lo es menos, por una parte, que los aludidos receptores actuaron impulsados o inducidos por la acción de la expedientada, quien les utilizo -valga el término- como instrumentos de su clara intención de perjudicar a Julia causándole un daño moral (el que inevitablemente se derivaría de la previsible -por lógica- reacción de aquellos receptores), y, por otra, que la causa de tales reacciones fue la acción de Berta , con la que aparecen vinculadas de forma directa y exclusiva hasta el punto de que, como resulta evidente, ha de admitirse que, suprimida la acción de la expedientada, no se habrían producido las indicadas reacciones».

Otro supuesto similar al anterior se analiza en la **sentencia de la Audiencia Provincial de Segovia n.º 32/2011, de 24 de mayo, ECLI:ES:APSG:2011:117**, en este caso dos personas conjuntamente crearon un perfil falso en la red social Tuenti utilizando la identidad de una tercera persona sin su consentimiento. En este perfil se subieron 56 fotografías y numerosos comentarios de carácter ridiculizante atribuidos a la denunciante, lo que provocó menosprecio social hacia ella y finalmente su aislamiento de un grupo de compañeros.

Asimismo, algunos de esos comentarios y publicaciones realizadas con el perfil falso intensificaron su marginación y generaron graves consecuencias psicológicas.

A modo de conclusión, la suplantación de identidad a través del acceso a equipos informáticos constituye una de las formas más sofisticadas y preocupantes de ciberdelincuencia en la actualidad ya que estas conductas delictivas adoptan diversas modalidades, como ya hemos señalado, y tienen en común la utilización fraudulenta de herramientas tecnológicas con el objetivo de obtener información confidencial, realizar transferencias no autorizadas o vulnerar la privacidad e integridad de las víctimas.

ANEXO I.
CASOS PRÁCTICOS

Caso práctico | Diferencias entre la usurpación del estado civil y la falsedad en documento público

PLANTEAMIENTO

«A» y «B» acuerdan que «A» se presente en el examen teórico para la obtención del permiso de conducir haciéndose pasar por «B». Para ello, «A» utiliza la documentación de «B», rellena los formularios de solicitud de pruebas de aptitud y paga las tasas correspondientes a nombre de «B». Finalmente, «A» realiza el examen bajo la identidad de «B» y obtiene la calificación de apto.

¿Procede en este caso sancionar por el delito de usurpación del estado civil del artículo 401 del CP o por un delito de falsedad en documento público del artículo 392 del CP en relación con la conducta del n.º 3.º del apartado 1 del artículo 390 del CP?

RESPUESTA

Para calificar los hechos descritos resulta interesante traer a colación la **STS n.º 2/2025, de 15 de enero, ECLI:ES:TS:2025:239**, en la que se resuelve un caso semejante.

En primer lugar, cabe señalar respecto del delito de usurpación del estado civil previsto en el artículo 401 del CP que el mismo supone una suplantación completa de la personalidad de otra persona, incluyendo la apropiación de sus derechos, facultades u obligaciones. Para que se configure este delito, es necesario que la suplantación sea plena y con cierta permanencia en el tiempo, no bastando con el uso puntual del nombre y apellidos de otra persona para un acto concreto.

En segundo lugar, el delito de falsedad en documento público del artículo 392 del CP en relación con lo previsto en el artículo 390.1.3.º del CP se configura cuando un particular comete una falsedad en un documento público, oficial o mercantil mediante alguna de las formas previstas en el citado artículo 390 del CP, como suponer en un acto la intervención de personas que no la han tenido o atribuir a las que han intervenido declaraciones diferentes de las que hicieron.

Requiere este delito, de un lado, una mutación o alteración de la verdad —creencia de que en un acto interviene una persona que realmente no concurre— y, de otro, la conciencia y voluntad del sujeto activo de que con dicha alteración se pueden lesionar o poner en peligro determinados bienes jurídicos protegidos. De este modo, el delito se consuma en el momento en que el documento entra en el tráfico jurídico pudiendo dejar su influencia en él.

Así pues, en relación con el caso planteado, «A» no asumió ni los derechos ni las facultades de «B» de manera plena y con continuidad, sino que se limitó su actuación a un acto concreto, cual es, la realización del examen teórico para la obtención del permiso de conducir bajo la identidad de «B». Por tanto, no pueden ser los hechos constitutivos del delito de usurpación del estado civil.

En este supuesto, «A» simuló ser «B» para realizar el examen teórico, lo que implicó una falsedad ideológica en los documentos oficiales relacionados con aquel (formularios de solicitud y registro del examen). Además, esta falsedad tuvo relevancia jurídica, ya que permitió que «B» obtuviera fraudulentamente el permiso de conducir. Se subsumen, por tanto, los hechos en el delito de falsedad en documento público del artículo 392 del CP.

Caso práctico | ¿Es suficiente la titularidad de la cuenta bancaria para entender la autoría en la estafa?

PLANTEAMIENTO

Una persona es titular de una cuenta bancaria en la que se reciben los ingresos procedentes de una actividad constitutiva de estafa llevada a cabo por otra persona. ¿La simple titularidad de la cuenta convierte a su titular en autor del delito de estafa?

RESPUESTA

Existen casos en que se ha absuelto por el delito de estafa a pesar de ser el titular de la cuenta bancaria en la que se recibe el importe defraudado. Así lo refleja la **Audiencia Provincial de Córdoba en su sentencia n.º 367/2025, de 15 de septiembre, ECLI:ES:APCO:2025:1587,** cuando dice:

> «(...) en relación a la titularidad de la cuenta bancaria utilizada para el cobro, hemos expresado que, en ocasiones, se trataba de una prueba insuficiente para la condena, puesto que en las estafas construidas al amparo de una falsa apariencia de compraventa por internet, en que se ofrecen productos o servicios a cambio del correspondiente precio, suelen utilizarse teléfonos, direcciones de correo o cuentas corrientes de personas distintas de aquéllas que realizan los actos nucleares del delito de estafa que, en algunos casos, cuentan con su colaboración, y, en otros, no porque se suplanta la identidad del partícipe involuntario, contratando aquellos servicios mediante la falsificación de su documento nacional de identidad o aprovechando las facilidades que en algún caso produce la contratación a través de internet.
>
> Por ello, en muchas ocasiones, hemos absuelto, aun constando la titularidad de la cuenta bancaria a la que se realiza la transferencia, puesto que nos hemos encontrado con supuestos en los que se alega esta falta de participación, se concreta o intuye la posible existencia de cuantas falsas de destino de las cantidades o, incluso, es apreciable que puede existir una supuesta suplantación o no se aportan los contratos de apertura de cuenta bancaria».

Y, concretamente en el caso que prevé dicha sentencia, resuelve:

> «En este contexto que evidencia una trama más que organizada la condena basada exclusivamente en la titularidad de la cuenta es una condena que no se ajusta a parámetros de racionalidad y, por ello, la sentencia ha de ser revocada.
>
> Es cierto que se ha establecido que los beneficiarios de este tipo de operaciones deben de considerarse autores salvo circunstancias excepcionales de error o utilización de datos personales pero lo cierto es que la única prueba que se ha practicado hace referencia a la titularidad de la cuenta no al destino de las diversas, no solo esta, cantidades ingresadas en la misma».

Caso práctico | ¿Basta el simple uso del nombre de una persona para cometer el delito de usurpación del estado civil?

PLANTEAMIENTO

Una mujer denuncia que ha sido víctima de una suplantación de identidad. Según su relato, tras perder la cartera con su DNI y otros documentos personales, comenzó a recibir reclamaciones de deudas por créditos y compras que no había realizado. Entre las operaciones fraudulentas, se encuentra la solicitud de un préstamo en una entidad financiera y la apertura de una línea de crédito en un establecimiento comercial. Las operaciones se realizaron utilizando su nombre y número de DNI, pero con una fotografía de otra persona en el documento.

Identificada la titular de la cuenta bancaria donde se ingresan los fondos obtenidos del préstamo, se acredita que no ha intervenido de otro modo en los hechos. No obstante ¿podría apreciarse respecto de ella la concurrencia del delito de usurpación del estado civil del artículo 401 del Código Penal?

RESPUESTA

Un caso semejante al planteado se observa en la **SAP de Madrid n.º 217/2025, de 24 de abril, ECLI:ES:APM:2025:5205**.

Para resolver la cuestión planteada hay que ver si concurren en el caso los elementos necesarios para el delito de usurpación del estado civil del artículo 401 del CP que son los siguientes:

- Suplantación de identidad: el sujeto activo debe atribuirse la identidad de otra persona, utilizando su nombre, apellidos o documentación.

- Continuidad y persistencia: la jurisprudencia exige que la suplantación no sea puntual, sino que implique una cierta permanencia en el tiempo y un propósito de sustitución plena de la personalidad de la víctima.

- Uso de derechos y facultades de la persona suplantada: es necesario que el autor ejerza derechos u obligaciones que correspondan exclusivamente a la persona cuya identidad ha sido usurpada.

En este caso, se observa el uso de un DNI manipulado para la realización de dos operaciones: la solicitud del préstamo y la apertura de una línea de crédito. Aunque estas acciones implican un uso indebido de la identidad de otra persona, no se acredita que se haya asumido de manera plena y continuada la personalidad de la víctima, ni que haya ejercido derechos propios de su estado civil más allá de las operaciones concretas. En este sentido, señala la citada sentencia:

> «No es suficiente por tanto para el nacimiento del tipo penal, arrogarse una personalidad ajena, asumiendo el nombre de otro, para uno acto concreto y determinado, sino que se precisa un plus añadido, consistente en una auténtica suplantación de la personalidad de la víctima, lo que requiere continuidad y persistencia, siendo ínsito el propósito de la sustitución plena de la personalidad global de aquella...

...Por su parte, en los fundamentos jurídicos tras analizar la jurisprudencia aplicable concluye en que la conducta del acusado no colma los requisitos típicos de la figura invocada por la acusación particular incidiendo en que "se limitó a una simple falsedad puntual haciendo figurar en dos operaciones conectadas, apertura de cuenta y solicitud de préstamo, a quien nada tenía que ver".

Los antecedentes referidos evidencian la ausencia de los elementos necesarios para la aplicación del tipo penal pretendido, teniendo en cuenta que no se ha producido una suplantación continua, persistente y total de la personalidad de la denunciante, con pleno ejercicio de sus derechos y acciones, sino una falsedad puntual en la solicitud de préstamo y apertura de cuenta, vinculada a la anterior, tratándose por tanto de un uso esporádico de los datos de otra persona, haciéndose pasar por ella, sin la permanencia, ni propósito de sustitución plena de la personalidad de la afectada».

En definitiva, los hechos descritos no cumplen con los elementos necesarios para configurar el delito de usurpación del estado civil ya que no se acredita la continuidad y persistencia en la suplantación de identidad, ni el propósito de asumir plenamente la personalidad de la titular del DNI.

Caso práctico | Estafa amorosa para obtener un beneficio patrimonial ilícito

PLANTEAMIENTO

Un hombre se hace pasar por un empresario de éxito y contacta con una mujer a través de Facebook con la que inicia una relación afectiva a distancia. El hombre para afianzar esta relación sentimental utiliza una serie de chantajes emocionales y mentiras.

El hombre durante la relación amorosa le dice a su pareja que necesita financiación para una operación de exportación que debía realizar en su empresa, y con la falsa promesa de que le devolvería el dinero, esta le realizo dos transferencias de 800 euros cada una, y después el hombre desapareció y no le devolvió el dinero.

¿Existe algún tipo de delito en este caso?

RESPUESTA

Un caso similar ha sido resuelto por el **Juzgado de lo Penal número 3 de A Coruña a través de su sentencia n.º 218/2024, de 13 de junio**, que considera probado que, un hombre de 51 años contactó con su víctima a través de redes sociales, iniciando una relación afectiva a distancia. Utilizando una serie de mentiras y chantajes emocionales, el condenado logró que la víctima le transfiriera 1.500 euros bajo la falsa promesa de devolverlo. Una vez recibido el dinero, el acusado rompió el contacto con la víctima:

> «Estimo que el merecimiento de pena exige tener en cuenta el hecho de que para obtener el indebido beneficio económico, el acusado no solo empleó una serie de falacias corrientes (hacerse pasar por un empresario de un importante grupo empresarial, fingir una operación de compraventa para la que necesitaba dinero...), sino que acudió al chantaje emocional jugando con los sentimientos de la perjudicada a la que engatusó en el plano afectivo con su palabrería del señorío y del mundo del toro y del vino, etc., lo que exige una respuesta retributiva acorde con el mayor daño producido en la víctima. Por ello, se impondrá la pena de 2 años y 2 meses de prisión y accesoria de inhabilitación especial para el derecho de sufragio pasivo durante el tiempo de la condena (art. 56.1.2ª CP)».

En este caso la víctima, creyendo en la veracidad de las afirmaciones del acusado, realizó dos transferencias de 750 euros cada una en abril de 2021. El condenado no devolvió el dinero y cortó toda comunicación con la víctima.

El magistrado subraya que el acusado utilizó múltiples mentiras, incluyendo su nombre, el de su contable, la empresa para la que supuestamente trabajaba y su procedencia, así el juez concluye que se trató de una trama engañosa diseñada para provocar un error en la víctima y obtener un beneficio patrimonial ilícito.

La sentencia también menciona que, en términos contractuales, no se sostiene la excusa del acusado de no devolver el dinero debido a publicaciones en redes sociales por parte de la víctima. El juez afirma que lo correcto hubiera sido devolver el dinero y, si lo consideraba oportuno, interponer acciones legales por difamación.

La sentencia también incluye el pago de una indemnización de 1.500 euros a la víctima.

Por otra parte, ante el aumento de este tipo de engaños, la Comisión Nacional del Mercado de Valores (CNMV) alerta sobre las estafas amorosas o afectivas y recalca la importancia de denunciar estos casos en un comunicado de fecha 26 de noviembre de 2025. Señala este comunicado que, el método de operación sigue un patrón bien definido. Primero, el o la estafadora entra en contacto con la víctima a través de un canal digital: puede ser una red social, una aplicación de citas, un grupo de WhatsApp relacionado con inversiones e incluso un mensaje de texto accidental. Rápidamente, se establece una comunicación diaria y constante, donde la parte fraudulenta suele «bombardear con amor» a la víctima, enviando mensajes y llamadas frecuentes incluso sin conocerse en persona.

En muchos casos, el estafador alega ser una persona de éxito, adinerada, con una vida atractiva y viajera. A medida que la relación (romántica o de amistad) se consolida, surge el tema de la inversión. El engañador comparte cómo ha alcanzado su fortuna a través de inversiones en criptomonedas, oro o divisas y se ofrece a enseñar como lo ha logrado a la víctima.

Caso práctico | ¿Es responsable una entidad bancaria por una transferencia errónea por suplantación de identidad?

PLANTEAMIENTO

Una sociedad mercantil celebra regularmente operaciones comerciales con su proveedor habitual, con quien mantiene una relación continuada de suministro de materiales.

El responsable de pagos de la citada sociedad mercantil recibe un email, presuntamente remitido por su proveedor, solicitando el abono de varias facturas vencidas por importe total de 24.500 euros. En ese mismo correo se facilita un nuevo IBAN para el ingreso, alegando la reciente apertura de una nueva cuenta corriente en una entidad bancaria distinta a la habitual.

El mismo día, la mercantil ordena a su entidad bancaria habitual la transferencia del importe solicitado al IBAN proporcionado en el correo, especificando además en el campo de beneficiario el nombre del proveedor.

Una semana después, el proveedor notifica a la sociedad mercantil que no ha recibido el pago. Tras varias averiguaciones, se descubre que el correo recibido era fraudulento y que el IBAN facilitado pertenecía en realidad a una cuenta de titularidad de un tercero desconocido y que los fondos ya habían sido retirados y la cuenta cancelada.

¿Responderá la entidad bancaria frente a la sociedad mercantil por el abono de la transferencia en una cuenta distinta de la del verdadero beneficiario, cuando la orden de pago indicaba correctamente el nombre del beneficiario, pero el IBAN facilitado era incorrecto por inducción al error mediante fraude?

RESPUESTA

Para dar respuesta al presente caso práctico acudiremos a la **sentencia del Tribunal Supremo n.º 1733/2025, de 27 de noviembre, ECLI:ES:TS:2025:5317.**

La sentencia aplica lo señalado en el art. 59 del Real Decreto-ley 19/2018, de 23 de noviembre, que establece:

> «1. **Cuando una orden de pago se ejecute de acuerdo con el identificador único, se considerará correctamente ejecutada en relación con el beneficiario especificado en dicho identificador.**
>
> 2. Si el identificador único facilitado por el usuario de servicios de pago es incorrecto, el proveedor no será responsable, con arreglo al artículo 60, de la no ejecución o de la ejecución defectuosa de la operación de pago.
>
> No obstante, el proveedor de servicios de pago del ordenante se esforzará razonablemente por recuperar los fondos de la operación de pago. El proveedor de servicios de pago del beneficiario cooperará en estos esfuerzos también comunicando al proveedor de servicios de pago del ordenante toda la información pertinente para el cobro de los fondos.
>
> En caso de que no sea posible recobrar los fondos con arreglo al párrafo primero, el proveedor de servicios de pago del ordenante facilitará al ordenan-

te, previa solicitud por escrito, toda la información de que disponga que sea pertinente para que el ordenante interponga una reclamación legal a fin de recuperar los fondos.

De haberse convenido así en el contrato marco, el proveedor podrá cobrar gastos al usuario del servicio de pago por la recuperación de los fondos.

3. Cuando el usuario de servicios de pago facilitara información adicional a la requerida por su proveedor para la correcta iniciación o ejecución de las órdenes de pago, el proveedor de servicios de pago únicamente será responsable, a los efectos de su correcta realización, de la ejecución de operaciones de pago de acuerdo con el identificador único facilitado por el usuario de servicios de pago».

Así como el art. 88 Directiva (UE) 2015/2366 del Parlamento Europeo y del Consejo, de 25 de noviembre de 2015:

«El proveedor de servicios de pago debe tener la posibilidad de especificar sin ambigüedad la información requerida para ejecutar una orden de pago correctamente. Ahora bien, a fin de evitar la fragmentación y el riesgo de que se vea comprometido el establecimiento de sistemas integrados de pago en la Unión, no debe autorizarse a los Estados miembros a exigir que se emplee un determinado identificador para las operaciones de pago. Sin embargo, esto no debe impedir a los Estados miembros exigir al proveedor de servicios de pago del ordenante que actúe con la debida diligencia y compruebe, cuando sea técnicamente posible y sin que ello requiera intervención manual, la coherencia del identificador único y, si este resulta incoherente, rechace la orden de pago e informe de ello al ordenante. La responsabilidad del proveedor de servicios de pago debe limitarse a la ejecución correcta de la operación de pago conforme a la orden del usuario de servicios de pago. Si los fondos de una operación de pago se abonan a un destinatario distinto del beneficiario, por haber utilizado el ordenante un identificador único incorrecto, los proveedores de servicios de pago del ordenante y del beneficiario no tendrán que asumir la responsabilidad, pero sí deben quedar obligados a cooperar razonablemente para recuperar los fondos, en particular comunicando la información pertinente a tal efecto».

Las normas son claras al establecer que, cuando una orden de pago se ejecuta conforme al IBAN se considera correctamente ejecutada en relación con el beneficiario especificado en dicho identificador. Si el IBAN es incorrecto, la entidad no responde de la ejecución defectuosa, aunque el usuario haya aportado información adicional, como el nombre del beneficiario, discordante con el IBAN.

Así, la entidad receptora solo está obligada a ejecutar conforme al IBAN y no debe comprobar la coincidencia entre dicho IBAN y el nombre consignado como beneficiario.

No obstante, la entidad está obligada a realizar esfuerzos razonables para recuperar los fondos si el error es comunicado y a cooperar con la entidad del ordenante, obligación que no suple la falta de responsabilidad patrimonial salvo incumplimiento de dicho deber de colaboración.

Por lo tanto, la entidad bancaria no responde frente a la sociedad mercantil por el importe de la transferencia realizada a través de un IBAN erróneo, aunque se hubiese facilitado el nombre correcto del beneficiario en la orden, ya que la responsabilidad de la entidad se limita a la ejecución según el identificador único facilitado por el ordenante.

La reclamación contra la entidad sólo sería viable en caso de que no hubiera cumplido con el deber de colaboración y recuperación de fondos tras la comunicación del error, lo que no ocurre en este supuesto por la tardanza en la comunicación y la retirada previa de los fondos.

ANEXO II.
FORMULARIOS

Demanda por *phishing* bancario reclamando responsabilidad a la entidad bancaria por operaciones no autorizadas

A TENER EN CUENTA. Por la reforma realizada por la LO 1/2025, de 2 de enero, una vez implantados de forma efectiva los tribunales de instancia (D.T. 1.ª), todas las referencias realizadas a los juzgados unipersonales se entenderán realizadas a las secciones del orden jurisdiccional correspondiente de los tribunales de instancia. Desde el 03/04/2025 por la reforma realizada por la LO 1/2025, de 2 de enero, se exige para la admisión de las demandas civiles el haber acudido a un medio adecuado de solución de controversias (MASC). Es el **artículo 5 de la LO 1/2025, de 2 de enero**, el que determina estos casos.

AL JUZGADO DE PRIMERA INSTANCIA DE [LOCALIDAD] QUE POR TURNO CORRESPONDA/A LA SECCIÓN CIVIL DEL TRIBUNAL DE INSTANCIA DE [ESPECIFICAR] (3)

D./D.ª [NOMBRE_PROCURADOR_CLIENTE], procurador/a de los tribunales, colegiado/a n.º [NÚMERO_COLEGIADO] en nombre y representación de D./D.ª [NOMBRE_CLIENTE], mayor de edad, con DNI/NIE n.º [NÚM. DOCUMENTO], con domicilio a efectos de notificaciones en [DOMICILIO_CLIENTE], según se acredita mediante la copia de la escritura de poder especial para pleitos que, debidamente bastanteada acompaño y cuya devolución intereso para otros usos/poder *apud acta*, ante el juzgado/la sección comparezco y, como mejor proceda en derecho,

DIGO

Por medio del presente escrito vengo a formular demanda de **JUICIO** [ESPECIFICAR] **(1) DECLARATIVO DE LA RESPONSABILIDAD CIVIL Y RECLAMACIÓN DE DAÑOS Y PERJUICIOS**, contra la entidad bancaria [ESPECIFICAR], con CIF [NÚMERO] y domicilio en [DOMICILIO], demanda que tiene su fundamento en los siguientes,

HECHOS

PRIMERO.- RELACIÓN CONTRACTUAL

Mi mandante es cliente de la entidad bancaria [ESPECIFICAR].

La relación contractual de la que trae causa este procedimiento es la siguiente: [ESPECIFICAR].

Dicho contrato tiene asociado tanto un servicio de banca electrónica como un servicio de tarjeta de [CRÉDITO/DÉBITO].

Adjuntamos como **documento n.º** [NÚMERO] copia del referido contrato y sus anexos.

SEGUNDO.- OPERACIONES NO AUTORIZADAS

En fecha [ESPECIFICAR] D./D.ª [NOMBRE_CLIENTE] fue víctima de una estafa conocida como «*phishing*», que consistió en [ESPECIFICAR]. **(2)**

Mi cliente se percató en fecha [ESPECIFICAR] de que en su cuenta faltaban [CANTIDAD] euros, que se correspondían con [ESPECIFICAR_OPERACIONES_NO_AUTORIZADAS].

Adjuntamos como **documento n.º** [NÚMERO] extracto de la cuenta bancaria número [NÚMERO].

TERCERO.- COMUNICACIÓN AL BANCO Y DENUNCIA

D./D.ª [NOMBRE_CLIENTE] procedió de manera inmediata a comunicar el hecho a la entidad demandada, solicitando el bloqueo de la cuenta y la cancelación de sus tarjetas.

A continuación, acudió a dependencias policiales a presentar la correspondiente denuncia.

CUARTO.- RECLAMACIÓN AL SAC DE LA ENTIDAD BANCARIA Y AL BANCO DE ESPAÑA

Una vez tuvo copia de la denuncia se dirigió nuevamente al banco para presentar ante su Servicio de Atención al Cliente una reclamación en la que se solicitaba la devolución de lo sustraído.

Como respuesta a su reclamación, el banco le indicó que la misma se denegaba, ya que las operaciones habían sido realizadas con las claves personales del titular.

Ante esta negativa, mi mandante presentó su reclamación ante el Banco de España, el cual contestó afirmando que la entidad bancaria había vulnerado el artículo 44 del RD-Ley 19/2018, de 23 de noviembre, en materia de transparencia y protección, y el 45 de la misma norma, al no restituir el importe.

Tras recibir esta respuesta, nuevamente se reclamó a la entidad demandada, sin resultado alguno.

Se acompañan como **documentos n.º** [NÚMERO], [NÚMERO] **y** [NÚMERO] copia de las reclamaciones presentadas ante el banco, de las respuestas negativas obtenidas, y de la reclamación presentada en el Banco de España y su respuesta.

QUINTO.- SOBRE LA DILIGENCIA DEL ACTOR/A

El/La actor/a en todo momento ha actuado con diligencia, si bien ha sido víctima de una estafa habitual, que motivó que hubiese facilitado sus datos personales, motivado por el error al que se le indujo. No puede achacársele una negligencia grave, puesto que el método fraudulento empleado *phishing* es de una complejidad y grado de perfección, difícilmente detectable por un cliente de las características de la parte demandante, y a través del mismo han sido afectados un gran número de clientes de la entidad.

Además, mi mandante actuó en todo momento de buena fe, notificando los hechos a la entidad bancaria sin demora indebida en cuanto tuvo conocimiento de los mismos de acuerdo con el artículo 41 del Real Decreto Ley 19/2018, de 23 de noviembre, de servicios de pago y otras medidas urgentes en materia financiera.

Por su parte, la entidad demandada no asumió sus obligaciones, en primer lugar, por no adoptar todas las medidas de seguridad necesarias para evitar fraudes, entre los que se incluye la suplantación de identidad y, en segundo lugar, por no cumplir con lo dispuesto en la cláusula [ESPECIFICAR], en la que se dispone que [ESPECIFICAR].

Por todo ello, existe un evidente incumplimiento por [NOMBRE_PARTE_CONTRARIA], cuya manera de proceder se encuentra desprovista de legitimación alguna, ya que, a pesar de conocer la normativa sobre su responsabilidad en estos casos, se niega a asumirla.

SEXTO.- DE LOS PERJUICIOS SUFRIDOS POR MI MANDANTE

Como consecuencia de lo ocurrido, mi mandante ha sufrido una importante pérdida patrimonial, que asciende al importe total de [CANTIDAD] euros.

A los anteriores hechos, resultan de aplicación los siguientes,

FUNDAMENTOS DE DERECHO

I.- JURISDICCIÓN

Son de aplicación al caso el art. 117 de la CE y el art. 21 de la LOPJ.

Por los art. 9.2 de la LOPJ y 36 de la LEC, los jueces y juezas, así como los tribunales del orden civil conocerán, además de las materias que les son propias, de todas aquellas que no estén atribuidas a otro orden jurisdiccional.

II.- COMPETENCIA

Respecto del órgano competente para conocer del proceso, lo es el juzgado de primera instancia al/la sección civil del tribunal de instancia a la que me dirijo correspondiente al domicilio del demandante, tal y como se desprende de las disposiciones de los artículos 45 y 51 de la Ley de Enjuiciamiento Civil y del artículo 85 de la LOPJ. **(4)**

III.- PROCEDIMIENTO (1)

De conformidad con lo dispuesto en el artículo [ESPECIFICAR_249.2/250.2_LEC], corresponde dar a la presente demanda la tramitación prevista para el juicio [ESPECIFICAR_VERBAL/ORDINARIO], regulado en [ESPECIFICAR], siendo así mismo de aplicación las disposiciones comunes a los procesos declarativos previstas en el título I de dicho libro (artículos 248 y siguientes).

IV.- CAPACIDAD Y LEGITIMACIÓN

Ambas partes se encuentran capacitadas y legitimadas activamente la demandante y pasivamente la demandada a tenor de lo dispuesto en los artículos 6, 7 y 10 de la LEC.

V.- POSTULACIÓN Y DEFENSA

Se cumplen con las normas procesales de postulación conforme a lo dispuesto en los artículos 23 y 31 de la Ley de Enjuiciamiento Civil **(5)**.

VI.- CUANTÍA

Por exigirlo el apartado 1.º del artículo 253 de la LEC, manifestamos que la cuantía de esta demanda, calculada con arreglo a la regla 1.ª del artículo 251 del mismo cuerpo legal, asciende a [CANTIDAD_EN_LETRA] euros ([CANTIDAD] euros).

VII.- MASC

Según lo establecido en el **art. 5 de la LO 1/2025, de 2 de enero**, las partes han acudido a [DESCRIPCIÓN PROCESO MASC] en los términos siguientes [ESPECIFICAR]. **(6)**

A estos efectos adjuntamos los siguientes documentos: **(7)**

- **Documento n.º** [NÚMERO].
- **Documento n.º** [NÚMERO].

VIII.- FONDO DEL ASUNTO

Resulta de aplicación el **artículo 45 del Real Decreto-Ley 19/2018, de 23 de noviembre, de servicios de pago y otras medidas urgentes en materia financiera**, relativo a la responsabilidad del proveedor de servicios de pago en caso de operaciones de pago no autorizadas.

«1. Sin perjuicio del artículo 43 de este real decreto-ley, **en caso de que se ejecute una operación de pago no autorizada, el proveedor de servicios de pago del ordenante devolverá a éste el importe de la operación no autorizada de inmediato** y, en cualquier caso, a más tardar al final del día hábil siguiente a aquel en el que haya observado o se le haya notificado la operación, salvo cuando el proveedor de servicios de pago del ordenante tenga motivos razonables para sospechar la existencia de fraude y comunique dichos motivos por escrito al Banco de España, en la forma y con el contenido y plazos que éste determine. En su caso, el proveedor de servicios de pago del ordenante restituirá la cuenta de pago en la cual se haya efectuado el adeudo al estado en el que se habría encontrado de no haberse efectuado la operación no autorizada.

La fecha de valor del abono en la cuenta de pago del ordenante no será posterior a la fecha de adeudo del importe devuelto.

2. Cuando la operación de pago se inicie a través de un proveedor de servicios de iniciación de pagos, el proveedor de servicios de pago gestor de cuenta devolverá inmediatamente y, en cualquier caso, a más tardar al final del día hábil siguiente, el importe de la operación de pago no autorizada y, en su caso, restituirá la cuenta de pago en la cual se haya efectuado el adeudo al estado en el que se habría encontrado de no haberse efectuado la operación no autorizada.

Si el responsable de la operación de pago no autorizada es el proveedor de servicios de iniciación de pagos, deberá resarcir de inmediato al proveedor de servicios de pago gestor de cuenta, a petición de este, por las pérdidas sufridas o las sumas abonadas para efectuar la devolución al ordenante, incluido el importe de la operación de pago no autorizada. De conformidad con el artículo 44.1, corresponderá al proveedor de servicios de iniciación de pagos demostrar que, dentro de su ámbito de competencia, la operación de pago fue autenticada y registrada con exactitud y no se vio afectada por un fallo técnico u otras deficiencias vinculadas al servicio de pago del que es responsable.

3. Podrán determinarse otras indemnizaciones económicas de conformidad con la normativa aplicable al contrato celebrado entre el ordenante y el proveedor de servicios de pago o el contrato celebrado entre el ordenante y el proveedor de servicios de iniciación de pagos, en su caso».

El **art. 46 del Real Decreto-Ley 19/2018, de 23 de noviembre, de servicios de pago y otras medidas urgentes en materia financiera**:

«1. No obstante lo dispuesto en el artículo 45, el ordenante podrá quedar obligado a soportar, hasta un máximo de 50 euros, las pérdidas derivadas de operaciones de pago no autorizadas resultantes de la utilización de un instrumento de pago extraviado, sustraído o apropiado indebidamente por un tercero, salvo que:

a) al ordenante no le resultara posible detectar la pérdida, la sustracción o la apropiación indebida de un instrumento de pago antes de un pago, salvo cuando el propio ordenante haya actuado fraudulentamente, o

b) la pérdida se debiera a la acción o inacción de empleados o de cualquier agente, sucursal o entidad de un proveedor de servicios de pago al que se hayan externalizado actividades.

El ordenante soportará todas las pérdidas derivadas de operaciones de pago no autorizadas si el ordenante ha incurrido en tales pérdidas por haber actuado de manera fraudulenta o por haber incumplido, deliberadamente o por negligencia grave, una o varias de las obligaciones que establece el artículo 41. En esos casos, no será de aplicación el importe máximo contemplado en el párrafo primero.

En todo caso, el ordenante quedará exento de toda responsabilidad en caso de sustracción, extravío o apropiación indebida de un instrumento de pago cuando las operaciones se hayan efectuado de forma no presencial utilizando únicamente los datos de pago impresos en el propio instrumento, siempre que no se haya producido fraude o negligencia grave por su parte en el cumplimiento de sus obligaciones de custodia del instrumento de pago y las credenciales de seguridad y haya notificado dicha circunstancia sin demora.

2. Si el proveedor de servicios de pago del ordenante no exige autenticación reforzada de cliente, el ordenante solo soportará las posibles consecuencias económicas en caso de haber actuado de forma fraudulenta. En el supuesto de que el beneficiario o el proveedor de servicios de pago del beneficiario no acepten la autenticación reforzada del cliente, deberán reembolsar el importe del perjuicio financiero causado al proveedor de servicios de pago del ordenante.

3. Salvo en caso de actuación fraudulenta, el ordenante no soportará consecuencia económica alguna por la utilización, con posterioridad a la notificación a que se refiere el artículo 41.b), de un instrumento de pago extraviado o sustraído.

4. Si el proveedor de servicios de pago no tiene disponibles medios adecuados para que pueda notificarse en todo momento el extravío o la sustracción de un instrumento de pago, según lo dispuesto en el artículo 42.1.c), el ordenante no será responsable de las consecuencias económicas que se deriven de la utilización de dicho instrumento de pago, salvo en caso de que haya actuado de manera fraudulenta».

Sobre el *phishing* y la responsabilidad de las entidades bancarias podemos traer a colación las siguientes sentencias:

- **Sentencia de la Audiencia Provincial de Cáceres n.º 132/2022, de 16 de febrero, ECLI:ES:APCC:2022:141**, que se refiere a la responsabilidad del banco en los siguientes términos:

    «Debe tenerse en cuenta que estos mecanismos de pago, tanto por medio de tarjetas, como a través de la banca a distancia o digital, no solo los articula la entidad financiera a través de las correspondientes aplicaciones y software, sino que potencia su utilización por sus clientes y usuarios bancarios, por lo que tiene -y debe- implementar todas las medidas de seguridad necesaria para evitar fraudes, incluida la suplantación de identidad; y, si el fraude es externo, es decir, a través de estafas informáticas (o *"phishing"*), lo único que puede exigirse al usuario es que el dispositivo que utilice para la realización de este tipo de operaciones tenga un mantenimiento de seguridad que, en principio, pudiera evitarlo, exigencia que, en el supuesto que examinamos, ha verificado el demandante quien goza -no debe olvidarse- de la condición de "consumidor" y, en consecuencia, de una protección reforzada».

- **Sentencia de la Audiencia Provincial de Valencia n.º 254/2022, de 13 de junio, ECLI:ES:APV:2022:2622:**

    «Y es lo que entendemos que no concurre en el presente caso, pues tal y como razonó la sentencia, ni puede entenderse que la falta de diligencia fuera 'grave' por parte de demandante y de su hija, sino que el recurso orilla las manifestaciones de la sentencia en cuanto que refieren a las actuaciones llevadas a efecto por la autorizada en la cuenta de la actora, comunicando con la entidad bancaria el 27 de abril de 2020, y que no fue activado el protocolo antifraude, ni tampoco bloquearon la cuenta antes de que se efectuaran indebidamente los cargos del día 28, que ahora se reclaman, y que no deben imputarse a la hija de la demandante, ni a esta al no haberse acreditado que recibiera el SMS de confirmación del pago en su teléfono y que lo efectuara ninguna de ellas.

CUARTO.-Esta última interpretación nos parece más acorde con la protección debida al usuario de los servicios bancarios, y a las obligaciones propias de **las entidades que ofrecen los servicios telemáticos, que son conocedoras de las crecientes actuaciones ilícitas o estafas que proliferan aprovechando las nuevas tecnologías,** y que desarrollan mecanismos técnicos con el fin de ofrecer un sistema lo más seguro posible para el usuario, como parte igualmente de su oferta de servicios. Y en el caso concreto que se nos somete, la tardanza en bloquear la cuenta, o establecer medidas adicionales de protección por la entidad demandada, atendido que no existió retraso por la cliente en comunicar la sospecha en relación a la cuenta, que habría posibilitado intentar retrotraer los pagos efectuados pues se hizo con anterioridad al plazo de un día hábil según el art. 55 del RD 19/2018 de 23 de noviembre, entendemos que ello, que se refiere a una posibilidad de un mecanismo de retrocesión, lo que por otra parte no impide la reclamación efectuada, pues el art. 43 del Real Decreto-Ley indica en su art. 43, en orden a la notificación de operaciones de pago no autorizados o ejecutadas incorrectamente, contempla en el párrafo primero, que **el usuario de servicios de pago obtendrá la rectificación por parte del proveedor de servicios de pago de una operación no autorizada, o ejecutada incorrectamente, únicamente si el usuario de servicios de pago se lo comunica sin demora injustificada,** o en cuanto tenga conocimiento de cualquiera de dichas operaciones que sea objeto de reclamación, incluso de las cubiertas por el art. 60, y, en todo caso, dentro de un plazo máximo de trece meses contados desde la fecha del adeudo».

- **Sentencia de la Audiencia Provincial de Madrid n.º 184/2022, de 20 de mayo, ECLI: ES:APM:2022:7327:**

  «(...) **no cabe apreciar en el demandante un comportamiento negligente de la gravedad y entidad para con base en el mismo hacerle responsable,** ni siquiera de la primera disposición de efectivo realizada con la tarjeta usada de manera fraudulenta por un tercero. Como se indica en la Directiva 2015/2036 **la negligencia que le hace responder al cliente, es la que se deriva de una conducta caracterizada por un grado significativo de falta de diligencia, lo que supone que la misma surge o se produce por iniciativa del usuario, no como consecuencia del engaño al que ha sido inducido por un delincuente profesional.** Tampoco puede calificarse como grave dicho comportamiento conforme a la normativa del código civil, pues siendo exigible al demandante la diligencia que exija la naturaleza de la obligación y correspondan a las circunstancias de las personas, tiempo y lugar (art. 1.104 del cc), el método fraudulento empleado - *phishing*- es de una complejidad y grado de perfección, difícilmente detectable por un cliente de las características del demandante, sin que la forma en que se denominaba al Banco en el SMS recibido o el error gramatical al emplear la palabro 'lo' en lugar de 'le', sean errores de entidad suficiente para detectar con base en ellos el fraude de que estaba siendo objeto. En esas circunstancias, era preciso ser un experto en la materia para poder detectar que la comunicación obedecía a una estafa o fraude. Es cierto que dicho comportamiento no puede considerarse diligente, pero para hacer soportar al cliente las consecuencias, aún parciales como se concluye en la sentencia apelada, es preciso apreciar en él una negligencia y que además sea grave, que en la normativa europea antes referida se equipara a la comisión de un fraude, actuación en la que no se ha acreditado incurriese el demandante, por el hecho de haber pinchado el link que se le ofrecía y facilitar los datos y clave de la tarjeta

CUARTO.- Por el contrario, la responsabilidad exigida a la entidad demandada, como proveedora del servicio, es la que se deriva de la naturaleza de tal prestación y de la posición contractual en la que se encuentran las partes, lo que le obliga a **adoptar una serie de medidas de seguridad y dotarse de mecanismos de supervisión que permitieran detectar operaciones fraudulentas en la prestación de servicios de pago**, tal como señala el artículo 2 del Reglamento Delegado 2018/389, pues como se indica también en la sentencia citada de la Audiencia de Pontevedra, incluyendo la técnica del *phishing*, la creación y puesta en la red de páginas que clonan las del sitio oficial de las entidades emisoras de instrumentos de pago, el deber de diligencia de la entidad demandada exigía dotarse de la tecnología antiphishing precisa para detectar las páginas clonadas de las oficiales propias y cerrarlas o eliminarlas, lo que, de producirse, impediría que el defraudador pudiera hacerse con las credenciales del usuario del instrumento de pago por ella emitido, pues la rotura del enlace del correo electrónico haría ya ineficaz cualquier conducta que frente al mismo pudiera observar el usuario receptor. Dicha actuación diligente no puede considerarse acreditada por las información que se facilita a los clientes a través de su página web, en cuanto **la efectividad de esas obligaciones preventivas, lo que requerían era implementar en el sistema informático el mecanismo tecnológico adecuado para evitarlo; es decir mediante una con una conducta activa y no simplemente informativa o divulgativa**».

- **Sentencia de la Audiencia Provincial de Pontevedra n.º 539/2021, de 21 de diciembre, ECLI:ES:APPO:2021:3078:**

  «28. El *phishing* aparece configurado, en el caso, por dos elementos; a) Envío de un correo electrónico con la apariencia de ser remitido por una entidad con la que el receptor puede tener alguna relación de servicios; b) El correo contiene un enlace a una página que aparenta ser del sitio oficial de la entidad emisora de la tarjeta pero que en realidad pertenece a un dominio bajo el control del phisher.

  29. El deber de diligencia de la demandada para asegurar la correcta autenticación de las operaciones de pago exigía de dotarse de mecanismos de supervisión que permitieran detectar operaciones de fraudulentas a cuyo efecto habría de considerar los supuestos del fraude conocidos en la prestación de servicios de pago(artículo 2 del Reglamento Delegado 2018/389). Es por ello que conocido que la técnica del *phishing* incluye, a menudo, la creación y puesta en la red de páginas que clonan las del sitio oficial de las entidades emisoras de instrumentos de pago, **el deber de diligencia de la entidad demandada exigía dotarse de la tecnología antiphishing precisa para detectar las páginas clonadas de las oficiales propias y cerrarlas o eliminarlas**, lo que, de producirse, impediría que el defraudador pudiera hacerse con las credenciales del usuario del instrumento de pago por ella emitido, pues la rotura del enlace del correo electrónico haría ya ineficaz cualquier conducta que frente al mismo pudiera observar el usuario receptor.

  (...)

  33. De lo expuesto se concluye que la entidad demandada no habría acreditado la observancia de los deberes de diligencia que le eran exigibles en la

autenticación de las operaciones de pago, pues ni habría probado haber implementado un mecanismo antiphising de protección de los usuarios de los instrumentos de pago por ella emitidos frente al uso fraudulento por un tercero de páginas imitativas de las propias para hacerse con las credenciales del instrumento, ni habría puesto en conocimiento del usuario los datos necesarios para que este conociera que se trataba de instalar su tarjeta en una aplicación de pago de un terminal de un tercero. Se concluye, también, que no cabría observar negligencia grave de la demandante de los deberes de conducta al usar del instrumento de pago y al introducir las credenciales de uso personal en una página que imitaba las del sitio oficial de la entidad emisora de su tarjeta. Habrá de ser, en consecuencia, la entidad demandada como proveedora de los servicios de pago usados de manera fraudulenta por un tercero logrando con ello acceder a la cuenta bancaria de la demandante quien haya de responder las pérdidas sufridas por esta con tales operaciones».

IX.- COSTAS

De conformidad con el artículo 394 de la Ley de Enjuiciamiento Civil **(8)**, las costas deberán ser impuestas a la parte demandada.

X.- *IURA NOVIT CURIA*

Invoca esta parte el principio *iura novit curia* y cuantos otros principios sean de aplicación al presente supuesto.

Por lo expuesto,

SUPLICO AL JUZGADO/A LA SECCIÓN:

Que tenga por presentado este escrito, con sus copias y documentos que lo acompañan, se sirva admitirlo, me tenga por personado/a y parte en la representación acreditada y por formulada la **DEMANDA DE JUICIO** [ESPECIFICAR] **(1) EN EJERCICIO DE LA ACCIÓN DECLARATIVA DE LA RESPONSABILIDAD CIVIL Y RECLAMACIÓN DE DAÑOS Y PERJUICIOS** contra la entidad bancaria [PARTE_CONTRARIA] para que, en su día, tras los trámites legales oportunos dicte sentencia en la que se declare la responsabilidad civil de [PARTE_CONTRARIA] y se le condene al pago de [CANTIDAD LETRA] euros ([CANTIDAD] euros) en concepto de indemnización por los daños y perjuicios sufridos por mi mandante, con expresa imposición de costas a la parte demandada.

Con todo lo demás que sea procedente en derecho.

Por ser justicia en [LUGAR], a [FECHA].

Letrado/a D./D.ª

[NOMBRE Y FIRMA
LETRADONUMEROCOLEGIADO_
ABOGADO_CLIENTE]

Procurador/a D./D.ª

[NOMBRE Y FIRMA
PROCURADORNUMERO COLEGIADO_
PROCURADOR_CLIENTE]

PRIMER OTROSÍ DIGO: siendo intención de esta parte cumplir con todos los requisitos legales, a tenor de lo previsto en el artículo 231 de la Ley de Enjuiciamiento Civil, se solicita se le diere traslado de cualquier defecto que adoleciere la presente demanda, para la inmediata subsanación de la misma.

SUPLICO AL JUZGADO/A LA SECCIÓN:

Que tenga por efectuada la anterior manifestación a los efectos oportunos.

Por ser justicia fecha y lugar *ut supra*.

Letrado/a D./D.ª

[NOMBRE Y FIRMA
LETRADONUMEROCOLEGIADO_
ABOGADO_CLIENTE]

Procurador/a D./D.ª

[NOMBRE Y FIRMA
PROCURADORNUMERO COLEGIADO_
PROCURADOR_CLIENTE]

---

(1) Verbal/Ordinario en función de la cuantía. El juicio ordinario, de conformidad con lo dispuesto en el art. 249.2 de la LEC será de aplicación cuando la cuantía exceda de quince mil euros y aparece reglado en el título II del libro II de la ley, artículos 399 y siguientes. El RD-ley 6/2023, de 19 de diciembre, modifica el artículo 249 de la LEC con entrada en vigor el 20/03/2024.
El juicio verbal, tal y como se establece en el art. 250.2 se aplicará cuando la cuantía no exceda de quince mil euros. El mismo aparece regulado en el titulo III, del libro II, artículos 437 y siguientes. El RD-ley 6/2023, de 19 de diciembre, modifica el artículo 250 de la LEC con entrada en vigor el 20/03/2024.

(2) Debe especificarse en qué consistió la estafa. Por ejemplo: recibir un correo electrónico pretendidamente enviado por la entidad bancaria, en el que se le daban instrucciones para reactivar la operatividad de su tarjeta que, según se le indicaba, estaba bloqueada; sin embargo, el remitente era en realidad un suplantador que, con este pretexto, pretendía -y finalmente consiguió- sus claves de acceso, con las que efectuó una compra inconsentida.

(3) Por la reforma realizada por la **LO 1/2025, de 2 de enero**, una vez implantados de forma efectiva los tribunales de instancia (D.T. 1.ª), todas las referencias realizadas a los juzgados unipersonales se entenderán realizadas a las secciones del orden jurisdiccional correspondiente de los tribunales de instancia.

(4) El art. 85 de la LOPJ ha sido modificado por la **LO 1/2025, de 2 de enero**, con efectos desde el 23 de enero de 2025.

(5) Los artículos 23 y 31 de la LEC han sido modificados por la **LO 1/2025, de 2 de enero**, en vigor desde el 03/04/2025.

(6) De acuerdo con el segundo párrafo del art. 399.3 de la LEC se hará constar en la demanda la descripción del proceso de negociación previo llevado a cabo o la imposibilidad del mismo, conforme a lo establecido en el ordinal 4.º del artículo 264, y se manifestarán, en su caso, los documentos que justifiquen que se ha acudido a un medio adecuado de solución de controversias, salvo en los supuestos exceptuados en la Ley de este requisito de procedibilidad.

(7) Documentos que acrediten haberse intentado la actividad negociadora previa a la vía judicial cuando la ley exija dicho intento como requisito de procedibilidad, o declaración responsable de la parte de la imposibilidad de llevar a cabo la actividad negociadora previa a la vía judicial por desconocer el domicilio de la parte demandada o el medio por el que puede ser requerido.

(8) El artículo 394 de la LEC ha sido modificado por la **LO 1/2025, de 2 de enero**, con efectos desde el 3 de abril de 2025.

Querella por delitos de estafa y falsedad documental

A TENER EN CUENTA. Por la reforma realizada por la LO 1/2025, de 2 de enero, una vez implantados de forma efectiva los tribunales de instancia (D.T. 1.ª), todas las referencias realizadas a los juzgados unipersonales se entenderán realizadas a las secciones del orden jurisdiccional correspondiente de los tribunales de instan.

AL JUZGADO DE INSTRUCCIÓN DE [CIUDAD]/A LA SECCIÓN DE INSTRUCCIÓN DEL TRIBUNAL DE INSTANCIA DE [LOCALIDAD] (1)

Don/Doña [NOMBRE_PROCURADOR_CLIENTE], procurador/a de los tribunales, en nombre y representación procesal de **don/doña** [NOMBRE_CLIENTE], y con domicilio en [DOMICILIO_CLIENTE], cuyo apoderamiento se acompaña al presente escrito como **documento n.º** [NÚM_DOC], actuando bajo la dirección letrada de don/doña [NOMBRE_ABOGADO_CLIENTE], ante este juzgado/esta sección comparezco y como mejor proceda en derecho,

DIGO

Por medio del presente escrito **formulo QUERELLA** en la forma y a tenor de lo preceptuado en el artículo 277 de la LECrim, por presuntos delitos de **estafa y falsedad documental** de los artículos 248 y 390 del Código Penal, todo ello con base en los siguientes

HECHOS

I.- COMPETENCIA JUDICIAL

Esta querella se presenta ante el Juzgado de Instrucción de [LOCALIDAD]/la Sección de Instrucción del Tribunal de Instancia de [LOCALIDAD], que por turno de reparto corresponda, ya que los hechos que constituyen el objeto del proceso penal se han producido en dicha jurisdicción, y así lo prevé y ordena el artículo 14.2 de la LECrim.

II.- QUERELLANTE

La presente querella se interpone por **don/doña** [NOMBRE CLIENTE], mayor de edad, natural de [LOCALIDAD] vecino/a de [LOCALIDAD], persona perjudicada directamente por los hechos objeto de la presente querella. Es por ello que, con arreglo a los artículos 280 y 281 de la LECrim, esta parte queda exenta de la obligación de prestar fianza.

III.- QUERELLADOS

Esta querella se dirige contra las siguientes personas:

- **Don/Doña** [NOMBRE_PARTE:CONTRARIA], mayor de edad, con DNI [NÚM_DNI] y domicilio en [DOMICILIO].
- **Don/Doña** [NOMBRE_PARTE:CONTRARIA], mayor de edad, con DNI [NÚM_DNI] y domicilio en [DOMICILIO].

Así como todas aquellas que resulten criminalmente responsables como autores o partícipes de los hechos que resulten responsables a tenor de la instrucción que se practique.

IV.- RELACIÓN DE LOS HECHOS

[RELACIÓN_EXHAUSTIVA_HECHOS]

En el pasado mes de [MES] del presente año, mi mandante solicitó [ESPECIFICAR] en/a [QUERELLADO], en la ciudad/domicilio [LUGAR_SUCEDIERON_HECHOS].

(...)

V.- CALIFICACIÓN DE LOS HECHOS

Los hechos expuestos son constitutivos de un delito de estafa y un delito de falsedad documental, tipificados en los artículos 248 y 390 y siguientes del Código Penal.

Así, en la conducta de los querellados concurren todos los elementos de ambos tipos penales **(2)**.

VI.- MEDIOS DE PRUEBA (3)

DECLARACIÓN [telemática/presencial] de los QUERELLADOS **(4)**, que han sido enumerados en el punto tercero de este escrito.

DOCUMENTAL consistente en la unión a las actuaciones de los **documentos número** [NÚMERO], [NÚMERO] **y** [NÚMERO] que se adjuntan a la presente querella.

TESTIFICAL [telemática/presencial], consistente en la declaración de los testigos que pasamos a enumerar a continuación, que deberán ser citados, en el día y hora que a tal fin se señale para su declaración ante instructor:

- **Don/Doña** [NOMBRE], provista de DNI n.º [DNI], que indica que debe ser citada en [DESCRIPCIÓN], como [HECHOS_QUE_CONOCE].
- **Don/Doña** [NOMBRE_CLIENTE], **como perjudicado/a** por el delito, quien deberá ser notificada por medio de su representante, procurador/a **don/doña** [NOMBRE_PROCURADOR_CLIENTE], que suscribe la presente.

En su virtud,

SUPLICO AL JUZGADO/A LA SECCIÓN:

Que tenga por presentado este escrito con sus copias, junto con los documentos que acompañan, **se tenga por formulada QUERELLA** por don/doña [NOMBRE_CLIENTE], en título de perjudicada, **contra don/doña** [NOMBRE_PARTE_CONTRARIA]**,** y se sirva admitirla, solicitando se proceda a la incoación de las correspondientes Diligencias Previas.

Por ser justicia que pido en [LUGAR] a [DÍA] de [MES] de [AÑO]

Abogado/a	Proc.
[NOMBRE_LETRADO_CLIENTE]	[NOMBRE_PROCURADOR_CLIENTE]

OTROSÍ DIGO: el querellante, habida cuenta de su condición de ofendido por el delito, está exento de prestar la fianza a que se refiere el artículo 280 y 281 de la Ley de Enjuiciamiento Criminal.

Por lo expuesto,

SUPLICO AL JUZGADO/A LA SECCIÓN:

Que tenga por hecha esta manifestación disponiendo lo necesario para la citación de mi representado/a.

Mismo lugar y fecha,

Abogado/a	Proc.
[NOMBRE_LETRADO_CLIENTE]	[NOMBRE_PROCURADOR_CLIENTE]

---

(1) Por la reforma realizada por la LO 1/2025, de 2 de enero, una vez implantados de forma efectiva los tribunales de instancia (D.T. 1.ª), todas las referencias realizadas a los juzgados unipersonales se entenderán realizadas a las secciones del orden jurisdiccional correspondiente de los tribunales de instancia.

En este caso para determinar la sección competente habrá que atender a lo dispuesto en el artículo 88 de la LOPJ, modificado por la LO 1/2025, de 2 de enero, en vigor desde el 23/01/2025.

(2) Detallar el hecho por el que se entiende cometido el delito conforme al articulado del Código Penal.

(3) Tras la introducción en la LECrim del nuevo art. 258 bis a través del Real Decreto-ley 6/2023, de 19 de diciembre, las actuaciones procesales se realizarán preferentemente, salvo que el juez o jueza o tribunal, en atención a las circunstancias, disponga otra cosa, mediante presencia telemática, incluyendo las que se celebren ante los/las letrados/as de la Administración de Justicia o ante el Ministerio fiscal. En las citaciones se informará de la posibilidad de declarar de forma telemática en las condiciones establecidas en el citado precepto. Esta reforma ha entrado en vigor el 20 de marzo de 2024.

(4) Debe notarse que, de acuerdo con el nuevo art. 258 bis de la LECrim *«2. (...) será necesaria la presencia física del acusado en la sede del órgano judicial de enjuiciamiento en los juicios por delito grave y juicios de Tribunal de Jurado, sin perjuicio de lo previsto en los tratados internacionales en los que España sea parte, las normas de la Unión Europea y demás normativa aplicable a la cooperación con autoridades extranjeras para el desempeño de la función jurisdiccional.*

En los juicios por delito menos grave, cuando la pena exceda de dos años de prisión o, si fuera de distinta naturaleza, cuando su duración no exceda de seis años, el acusado comparecerá físicamente ante la sede del órgano de enjuiciamiento si así lo solicita este o su letrado, o si el órgano judicial lo estima necesario. La decisión deberá adoptarse en auto motivado.

En el resto de juicios, cuando el acusado comparezca, lo hará físicamente ante la sede del órgano de enjuiciamiento si así lo solicita él o su letrado, o si el órgano judicial lo estima necesario. La decisión deberá adoptarse en auto motivado.

En todo caso, en los procesos y juicios, cuando el acusado resida en la misma demarcación del órgano judicial que conozca o deba conocer de la causa, su comparecencia en juicio deberá realizarse de manera física en la sede del órgano judicial o enjuiciamiento, salvo que concurran causas justificadas o de fuerza mayor.

Cuando se disponga la presencia física del investigado o acusado, será también necesaria la presencia física de su defensa letrada. Cuando se permita su declaración telemática, el abogado del investigado o acusado comparecerá junto con este o en la sede del órgano judicial. Cuando el acusado decida no comparecer en la sede del órgano judicial, deberá notificarlo con, al menos, cinco días de antelación».

Escrito de defensa en delito de usurpación del estado civil

> **A TENER EN CUENTA.** Por la reforma realizada por la LO 1/2025, de 2 de enero, una vez implantados de forma efectiva los tribunales de instancia (D.T. 1.ª), todas las referencias realizadas a los juzgados unipersonales se entenderán realizadas a las secciones del orden jurisdiccional correspondiente de los tribunales de instancia.

AL JUZGADO DE INSTRUCCIÓN NÚMERO [NÚMERO]/A LA SECCIÓN DE INSTRUCCIÓN DEL TRIBUNAL DE INSTANCIA DE [LOCALIDAD] (1)

Don/Doña [NOMBRE_PROCURADOR_CLIENTE], procurador/a de los tribunales, en nombre y representación de don/doña [NOMBRE_CLIENTE], como tengo debidamente acreditado en autos, con la asistencia del/de la letrado/a don/doña [NOMBRE_ABOGADO_CLIENTE], con n.º de colegiado/a [NUMEROCOLEGIADO_ABOGADO_CLIENTE] como más procedente sea en derecho ante el juzgado/la sección comparezco y

DIGO

Evacuando en el plazo concedido el traslado que nos ha sido efectuado a los fines de lo dispuesto en el artículo 784 de la Ley de Enjuiciamiento Criminal, apartado 1, por medio del presente escrito vengo a formular **ESCRITO DE DEFENSA** conforme a las siguientes

ALEGACIONES

PRIMERA.- Negamos el correlativo primero relativo a los hechos manifestados por la acusación particular, así como la acusación por el Ministerio Fiscal, por no haber actuado mi mandante en los términos descritos.

Mi representado/a don/doña [NOMBRE_CLIENTE] no reconoce los hechos imputados, negando la comisión del delito de usurpación del estado civil tipificado en el artículo 401 del CP por cuanto no concurren los elementos necesarios de este delito:

- Sí es cierto que el [FECHA] concurre en [ESPECIFICAR] identificándose con el nombre y apellidos de [NOMBRE_PERSONA_SUPLANTADA].

- No obstante, solamente afirmó ser dicha persona sin que en ningún caso pueda acreditarse que procedió a ejercitar algún derecho específico de aquella, derechos u obligaciones derivados de su específica personalidad o estado civil.

- Asimismo, la identificación como dicha persona ocurrió solo esa vez y con motivo de [ESPECIFICAR], pero no puede apreciarse tampoco una actuación permanente bajo dicha identidad.

En definitiva, no se trata de una suplantación continua, persistente y total de la personalidad de la víctima, con pleno ejercicio de sus derechos y acciones, como requeriría el tipo delictivo, sino la simple asunción de la identidad ajena para la realización de un acto concreto y determinado, sin consecuencia penal alguna.

SEGUNDA.- La relación de hechos descrita, no se ajusta a la realidad, por lo que desvirtúa las conclusiones y la tipificación, no existiendo delito alguno.

TERCERA.- Al no existir delito, quedan excluidas formas de participación y circunstancias modificativas.

CUARTA.- Medios de prueba

[ESPECIFICAR].

QUINTA.- Se interesa que se decrete la libre absolución del/de la procesado/a por ser inocente de los hechos que le inculpan.

Por todo lo expuesto,

SUPLICO AL JUZGADO/A LA SECCIÓN:

Que tenga por presentado este escrito de defensa y por evacuado el trámite conferido en el artículo 784.1 de la Ley de Enjuiciamiento Criminal, interesando que se admitan las pruebas propuestas para el acto del juicio y se ordene lo necesario para su práctica.

Por ser justicia en [LUGAR] a [FECHA].

Ldo./Lda.   Procurador/a

[NOMBRE_LETRADO_CLIENTE]   [NOMBRE_PROCURADOR_CLIENTE]

---

(1) Por la reforma realizada por la LO 1/2025, de 2 de enero, una vez implantados de forma efectiva los tribunales de instancia (D.T. 1.ª), todas las referencias realizadas a los juzgados unipersonales se entenderán realizadas a las secciones del orden jurisdiccional correspondiente de los tribunales de instancia.

En este caso para determinar la sección competente habrá que atender a lo dispuesto en el artículo 88 de la LOPJ, modificado por la LO 1/2025, de 2 de enero, en vigor desde el 23/01/2025.

Denuncia por estafa en compra de segunda mano mediante suplantación de identidad

A TENER EN CUENTA. Por la reforma realizada por la LO 1/2025, de 2 de enero, una vez implantados de forma efectiva los tribunales de instancia (D.T. 1.ª), todas las referencias realizadas a los juzgados unipersonales se entenderán realizadas a las secciones del orden jurisdiccional correspondiente de los tribunales de instancia.

AL JUZGADO DE INSTRUCCIÓN DE [LOCALIDAD]/ A LA SECCIÓN DE INSTRUCCIÓN DEL TRIBUNAL DE INSTANCIA DE [LOCALIDAD] (1)

Don/Doña [NOMBRE_DENUNCIANTE], mayor de edad, [ESTADO_CIVIL_DENUNCIANTE], con domicilio en la ciudad de [CIUDAD] calle [CALLE] n.º [NÚMERO], titular del Documento Nacional de Identidad n.º [NÚMERO], ante el juzgado/la sección comparezco y

DIGO

De conformidad con los artículos 259 y siguientes de la Ley de Enjuiciamiento Criminal, formulo denuncia por supuesto delito de estafa de los artículo 248 del Código Penal y siguientes, sin perjuicio de ulterior calificación, contra **don/doña** [NOMBRE_PARTECONTRARIA], vecino/a de [LOCALIDAD] calle [CALLE] n.º [NÚMERO] con Documento Nacional de Identidad n.º [NÚMERO].

Sin perjuicio de dirigir las acciones civiles y penales contra cualesquiera otras personas que a tenor de la resultancia de la investigación pudieran haber intervenido en los hechos que se relatan.

La presente denuncia se fundamenta en los siguientes

HECHOS

PRIMERO.- El/La denunciado/a publicó en la aplicación [ESPECIFICAR] un anuncio para la venta en segunda mano de [DESCRIPCIÓN]. Se identificó como [NOMBRE_PERSONA_SUPLANTADA], resultando que teníamos amistades comunes.

Se adjunta como **documento n.º** [NÚMERO] pantallazo en el que se pueden apreciar el anuncio y los datos de la persona anunciante.

SEGUNDO.- A la vista del anuncio formulado y de la confianza generada por la información que de la parte vendedora tenía, me puse en contacto con ella a través de la citada aplicación para poder concretar los términos de la venta si finalmente llegábamos a acuerdo.

TERCERO.- Después de ese primer contacto, nos intercambiamos los números de teléfono para seguir las conversaciones a través de WhatsApp, si bien el número facilitado aparecía a nombre de [NOMBRE_DENUNCIADO]. Preguntado/a el/la anunciante por este hecho, me indica que es su pareja y que el número está a su nombre.

CUARTO.- Efectuadas las negociaciones oportunas acordamos la venta de [ESPECIFICAR] por un importe de [CANTIDAD] euros que se harían mediante transferencia bancaria en el número de cuenta [NÚMERO] a nombre del/de la denunciado/a, una vez recibida la cantidad se procedería al envío de lo comprado en un plazo de [NÚMERO] días.

Se adjuntan como **documentos n.º** [NÚMERO] **a** [NÚMERO] las transcripciones de las conversaciones mantenidas con el/la denunciado/a.

QUINTO.- Habiendo efectuado la transferencia inmediata el [FECHA], no he recibido el objeto y de ello ya han pasado [NÚMERO] días.

Se acompaña como **documento n.º** [NÚMERO] documento justificativo de la transferencia.

SEXTO.- Entiende esta parte que los hechos son constitutivos de un delito de estafa de los previstos en los artículos 248 y siguientes del CP, máxime teniendo en consideración la vertiente jurisprudencial que indica la necesidad del engaño para que se dé el tipo penal, no concretándose únicamente un incumplimiento contractual.

Así, la **STS n.º 71/2025, de 25 de septiembre, ECLI:ES:TS:2025:4091**, señala:

> «En efecto, como hemos dicho en SSTS 249/2018, de 16-5 y 119/2021, de 11-2, "hay que señalar en relación al delito de estafa, que el engaño típico necesario es aquel que genera un riesgo jurídicamente desaprobado para el bien jurídico tutelado y, concretamente, el idóneo o adecuado para provocar el error desencadenante de la injustificada disminución del patrimonio ajeno (SSTS 344/2013, de 30-4; 228/2014, de 26-3; 413/2015, de 30-6; 68/2018, de 17-2; 222/2018, de 10-5, que recuerdan que la estafa como elemento esencial requiere la concurrencia del engaño que debe ser suficiente, además de precedente o concurrente con el acto de disposición de la víctima que constituye la consecuencia o efecto de la actuación engañosa, sin la cual no se habría producido el traspaso patrimonial, acto de disposición que realiza el propio perjudicado bajo la influencia del engaño que mueve su voluntad (SSTS. 1479/2000 de 22.9, 577/2002 de 8.3 y 267/2003 de 29.2), que puede consistir en cualquier acción del engañado que causa un perjuicio patrimonial propio o de tercero, entendiéndose por tal, tanto la entrega de una cosa como la prestación de un servicio por el que no se obtiene la contraprestación.
>
> El engaño ha sido ampliamente analizado por la doctrina de esta Sala, que lo ha identificado como cualquier tipo de ardid, maniobra o maquinación, mendacidad, fabulación o artificio del agente determinante del aprovechamiento patrimonial en perjuicio del otro y así ha entendido extensivo el concepto legal a "cualquier falta de verdad o simulación", cualquiera que sea su modalidad, apariencia de verdad que le determina a realizar una entrega de cosa, dinero o prestación, que de otra manera no hubiese realizado (STS. 27.1.2000), hacer creer a otro algo que no es verdad (STS. 4.2.2001)»».

La concurrencia del engaño con la finalidad de obtener un beneficio patrimonial queda, entiendo, acreditada por la situación creada por el/la denunciado/a. Este no solo se hace pasar por una persona conocida creando una situación de confianza que facilitaba la ausencia de sospechas sobre la operación, si no que de las conversaciones mantenidas no se infería dato alguno que hiciese pensar en la existencia de error. Esta parte de no haber tenido conocidos en común y de no existir esa situación de confianza creada no hubiera efectuado la operación en esos términos, si no que hubiera adoptado otras medidas que asegurasen eventos como el efectivamente ocurrido al no recibir el objeto comprado.

Por lo expuesto,

SUPLICO AL JUZGADO/A LA SECCIÓN:

Que tenga por presentado este escrito, junto con sus copias y documentos adjuntos, los admita, les dé la tramitación legal oportuna y tenga por presentado el presente escrito de denuncia por considerar que los hechos descritos pueden ser constitutivos de delito de estafa, sin perjuicio de ulterior calificación de los mismos.

Por ser de justicia

En [LOCALIDAD] a [DIA] de [MES] de [AÑO].

Firma

[NOMBRE_CLIENTE]

---

(1) Por la reforma realizada por la LO 1/2025, de 2 de enero, una vez implantados de forma efectiva los tribunales de instancia (D.T. 1.ª), todas las referencias realizadas a los juzgados unipersonales se entenderán realizadas a las secciones del orden jurisdiccional correspondiente de los tribunales de instancia.

En este caso para determinar la sección competente habrá que atender a lo dispuesto en el artículo 88 de la LOPJ, modificado por la LO 1/2025, de 2 de enero, en vigor desde el 23/01/2025.

Escrito de defensa en delito de falsedad documental por funcionario público

> **A TENER EN CUENTA.** Por la reforma realizada por la **LO 1/2025, de 2 de enero**, una vez implantados de forma efectiva los tribunales de instancia (**D.T. 1.ª**), todas las referencias realizadas a los juzgados unipersonales se entenderán realizadas a las secciones del orden jurisdiccional correspondiente de los tribunales de instancia.

AL JUZGADO DE INSTRUCCIÓN NÚMERO [NÚMERO]/A LA SECCIÓN DE INSTRUCCIÓN DEL TRIBUNAL DE INSTANCIA DE [LOCALIDAD] (1)

Don/Doña [NOMBRE_PROCURADOR_CLIENTE], procurador/a de los tribunales, en nombre y representación de don/doña [NOMBRE_CLIENTE], como tengo debidamente acreditado en autos, con la asistencia del/de la letrado/a don/doña [NOMBRE_ABOGADO/A_CLIENTE], con n.º de colegiado/a [NÚMERO_COLEGIADO/A_ABOGADO/A_CLIENTE] como más procedente sea en derecho ante el juzgado/la sección comparezco y

DIGO

Evacuando en el plazo concedido el traslado que nos ha sido efectuado a los fines de lo dispuesto en el artículo 784 de la Ley de Enjuiciamiento Criminal, apartado 1, por medio del presente escrito vengo a formular **ESCRITO DE DEFENSA** conforme a las siguientes

ALEGACIONES

PRIMERA.- Negamos el correlativo primero relativo a los hechos manifestados por la acusación particular, así como la acusación por el Ministerio Fiscal, por no haber actuado mi mandante en los términos descritos.

Mi representado/a don/doña [NOMBRE_CLIENTE] no reconoce los hechos imputados, negando la comisión del delito de falsedad documental tipificado en el artículo 390 del CP por cuanto no concurren los elementos necesarios de este delito:

Si es cierto que, en efecto, el referido DNI fue confeccionado por ella en el ejercicio de sus ordinarias ocupaciones profesionales. También es cierto que en dicho documento apareciese la fotografía de quien no era titular del mismo. Extremos ambos, además, ampliamente acreditados.

Si bien sostenemos que fue engañada por el solicitante del documento, don/doña [NOMBRE PARTE CONTRARIA] quien le facilitó una fotografía, asegurando naturalmente que era propia, sin que mi mandante advirtiera la falsedad. Así, la fotografía fue incorporada al duplicado sin que mi patrocinada, engañada, pudiera percatarse de que la fotografía no pertenecía al titular del documento.

Además, no se puede acreditar de ninguna manera que exista concierto o relación alguna entre mi mandante y don/doña [NOMBRE PARTE CONTRARIA] y que si esta incorporó, como efectivamente incorporó, la fotografía al documento no fue en absoluto con conciencia de la falta de correspondencia de la misma con el titular de aquel, sino porque, ciertamente, fue engañada por don/doña [NOMBRE PARTE CONTRA-RIA], quien le facilitó la fotografía haciéndole creer que era propia.

SEGUNDA.- La relación de hechos descrita, no se ajusta a la realidad, por lo que desvirtúa las conclusiones y la tipificación, no existiendo delito alguno.

TERCERA.- Al no existir delito, quedan excluidas formas de participación y circunstancias modificativas.

CUARTA.- Medios de prueba

[ESPECIFICAR].

QUINTA.- Se interesa que se decrete la libre absolución del/de la procesado/a por ser inocente de los hechos que le inculpan.

Por todo lo expuesto,

SUPLICO AL JUZGADO/A LA SECCIÓN:

Que tenga por presentado este escrito de defensa y por evacuado el trámite conferido en el artículo 784.1 de la Ley de Enjuiciamiento Criminal, interesando que se admitan las pruebas propuestas para el acto del juicio y se ordene lo necesario para su práctica.

Por ser justicia en [LUGAR] a [FECHA].

Ldo./Lda.   Procurador/a

[NOMBRE_LETRADO_CLIENTE]   [NOMBRE_PROCURADOR_CLIENTE]

---

(1) Por la reforma realizada por la **LO 1/2025, de 2 de enero**, una vez implantados de forma efectiva los tribunales de instancia (**D.T. 1.ª**), todas las referencias realizadas a los juzgados unipersonales se entenderán realizadas a las secciones del orden jurisdiccional correspondiente de los tribunales de instancia.

En este caso para determinar la sección competente habrá que atender a lo dispuesto en el artículo 88 de la LOPJ, modificado por la **LO 1/2025, de 2 de enero**, en vigor desde el 23/01/2025.

Denuncia por suplantación de identidad a través de redes sociales

> **A TENER EN CUENTA.** Por la reforma realizada por la **LO 1/2025, de 2 de enero**, una vez implantados de forma efectiva los tribunales de instancia (**D.T. 1.ª**), todas las referencias realizadas a los juzgados unipersonales se entenderán realizadas a las secciones del orden jurisdiccional correspondiente de los tribunales de instancia.

AL JUZGADO DE INSTRUCCIÓN DE [LOCALIDAD] **/ A LA SECCIÓN DE INSTRUCCIÓN DEL TRIBUNAL DE INSTANCIA DE** [LOCALIDAD] **(1)**

D./D.ª [NOMBRE_CLIENTE], mayor de edad, [ESTADO_CIVIL_CLIENTE], con domicilio en la Ciudad de [CIUDAD] calle [CALLE] n.º [NÚMERO], titular del Documento Nacional de Identidad n.º [NIF_CIF_DNI_CLIENTE], comparezco y

DIGO

Que, de conformidad con los artículos 259 y siguientes de la Ley de Enjuiciamiento Criminal **(2)**, formulo denuncia por supuesto delito de estafa del artículo 248 del CP y siguientes, contra la siguiente persona:

D./D.ª [NOMBRE_PARTECONTRARIA], vecino/a de [LOCALIDAD] calle [CALLE] n.º [NUMERO] con Documento Nacional de Identidad n.º [NIF_CIF_DNI_PARTECONTRARIA] propietario de la empresa [NOMBRE_EMPRESA].

Sin perjuicio de dirigir las acciones civiles y penales contra cualesquiera otras personas que a tenor de la resultancia de la investigación pudieran haber intervenido en los hechos que se relatan.

La presente denuncia se fundamenta en los siguientes,

HECHOS

PRIMERO.- Desde [FECHA] a [FECHA] don/doña [NOMBRE PERONA DENUNCIADA] accedió sin autorización al menos en [NÚMERO] ocasiones a las redes sociales [ESPECIFICAR REDES SOCIALES] de don/doña [NOMBRE DENUNCIANTE].

En los citados accesos no autorizados don/doña [NOMBRE PERONA DENUNCIADA] suplantó la identidad de don/doña [NOMBRE DENUNCIANTE] y utilizó dicho perfil para insultar y denigrar a compañeros del instituto.

Como prueba adjunto capturas de pantalla como **documento n.º** [NÚMERO].

SEGUNDO.- Como consecuencia de lo anterior don/doña [NOMBRE DENUNCIANTE] fue insultada y amenazada por sus compañeros, recibiendo incluso una agresión física. Todo ello le generó un estrés psicológico significativo que requirió tratamiento profesional.

Acredito dicho extremo adjuntando copia del informe médico como **documento n.º** [NÚMERO].

TERCERO.- Los actos descritos han generado un daño significativo a mi honor y reputación, además de una afectación emocional derivada de la situación.

CUARTO.- Ante la imposibilidad de averiguar en su totalidad lo realmente sucedido pongo en conocimiento del Juzgado/Sección tales hechos para que sirva acordar lo pertinente para la comprobación y averiguación de los mismos, así como sus autores, por estimar que estos pueden ser constitutivos de delito.

En su virtud,

SUPLICO AL JUZGADO/A LA SECCIÓN:

Que tenga por presentado el presente escrito de denuncia, se sirva admitirlo junto con los documentos que se anexan, por considerar que los hechos descritos pueden ser constitutivos de delito.

En [LOCALIDAD] a [DÍA] de [MES] de [AÑO].

Fdo. D./D.ª [ESPECIFICAR]

---

(1) En virtud de la reforma realizada por la **LO 1/2025, de 2 de enero**, una vez implantados de forma efectiva los tribunales de instancia (**D.T. 1.ª**), todas las referencias realizadas a los juzgados unipersonales se entenderán realizadas a las secciones del orden jurisdiccional correspondiente de los tribunales de instancia.

En la redacción resultante de la norma mencionada, los arts. 84 y siguientes de la LOPJ son los que permiten conocer la sección competente en cada caso. En particular, por lo que al orden penal se refiere, acúdase a los arts. 88 y siguientes de la LOPJ.

(2) Por lo que se refiere al contenido que ha de tener la denuncia, tras la reforma operada en el art. 265 de la LECrim por parte del Real Decreto-ley 6/2023, de 19 de diciembre, con entrada en vigor el 20 de marzo de 2024, dicho precepto indica lo siguiente:

«1. Las denuncias podrán hacerse por escrito o de palabra, personalmente o por medio de mandatario con poder especial.

2. La denuncia contendrá la identificación de la persona denunciante y la narración circuns tanciada del hecho. En caso de persona jurídica o ente sin personalidad jurídica, deberá identificarse también la persona física que formula la denuncia en su nombre, indicando su relación con la persona jurídica o el ente sin personalidad denunciante.

Igualmente, si fueran conocidas, contendrá la identificación de las personas que lo hayan cometido y de quienes lo hayan presenciado o tengan información sobre él. También indicará la existencia de cualquier fuente de conocimiento de la que el denunciante tenga noticia, que pueda servir para esclarecer el hecho denunciado».

A su vez, según la redacción dada al artículo 266 de la LECrim por el Real Decreto-ley 6/2023, de 19 de diciembre, y la posterior LO 1/2025, de 2 de enero (el primero con entrada en vigor el 20/03/2024 y la segunda con efectos de 03/04/2025):

«La denuncia que se haga por escrito deberá estar firmada por el denunciante de forma autógrafa o manuscrita, si es presencial, y si no pudiere hacerlo, por otra persona a su ruego; o si se interpone por vía telemática, con firma electrónica conforme a lo establecido en artículo 10 de la Ley 39/2015, de 1 de octubre, del Procedimiento Administrativo Común de las Administraciones Públicas y en el Reglamento (UE) n.º 910/2014 del Parlamento Europeo y del Consejo, de 23 de julio de 2014, relativo a la identificación electrónica y los servicios de confianza para las transacciones electrónicas en el mercado interior y por la que se deroga la Directiva 1999/93/CE. En el caso de las personas jurídicas, se firmará con certificado electrónico cualificado con atributo de representante o los medios previstos en la regulación de firma digital que permitan identificar la persona jurídica, así como la persona física que formula la denuncia.

No se podrán denunciar por vía telemática aquellos hechos que se hayan producido con violencia o intimidación, ni si tienen autor conocido, ni si existen testigos, ni si el denunciante es menor de edad, ni si se ha cometido delito flagrante, ni aquellos hechos de naturaleza violenta o sexual».

Demanda por inclusión errónea en fichero de morosos tras suplantación de identidad

A TENER EN CUENTA. Por la reforma realizada por la **LO 1/2025, de 2 de enero**, una vez implantados de forma efectiva los tribunales de instancia (**D.T. 1.ª**), todas las referencias realizadas a los juzgados unipersonales se entenderán realizadas a las secciones del orden jurisdiccional correspondiente de los tribunales de instancia.

AL JUZGADO DE PRIMERA INSTANCIA/ A LA SECCIÓN CIVIL DEL TRIBUNAL DE INSTANCIA DE [LOCALIDAD] (1)

D./D.ª [NOMBRE PROCURADOR/A], procurador/a de los tribunales, en nombre y representación de **D./D.ª** [NOMBRE_CLIENTE], con NIF [NÚMERO] y domicilio en [CALLE_NÚMERO_LUGAR]; actuando bajo la dirección letrada de D./D.ª [NOMBRE_LETRADO/A], letrado/a del Ilustre Colegio de Abogados de [LUGAR], ante el juzgado / la sección comparezco y, como mejor proceda en derecho, DIGO:

Que, por medio del presente escrito formulo demanda de JUICIO DECLARATIVO ORDINARIO EN EJERCICIO DE ACCIÓN DE PROTECCIÓN DE LOS DERECHOS FUNDAMENTALES AL HONOR Y A LA PROTECCIÓN DE DATOS DE CARÁCTER PERSONAL, contra [NOMBRE_CONTRARIO] con domicilio en [INSERTAR DOMICILIO] y NIF/CIF: [NÚMERO]

Todo ello con base en los Fundamentos de Derecho que se dirán y en los siguientes

HECHOS

PRIMERO.- Sobre los apuntes en ficheros de solvencia

En fecha [ESPECIFICAR] mi mandante perdió su cartera con todos sus documentos incluido el DNI.

En fecha [ESPECIFICAR] mi mandante acude al cuartel de la Guardia Civil [ESPECIFICAR] e interpone denuncia por pérdida de sus documentos de identificación, adjuntamos a la presente copia de la denuncia interpuesta por D./D.ª [NOMBRE_CLIENTE] como **documento n.º** [NÚMERO].

En fecha [FECHA] consta como que mi mandante suscribió un contrato de préstamo con [ENTIDAD], que debía ser abonada en [NÚMERO] cuotas mensuales, domiciliándose en la cuenta bancaria de mi mandante dichos pagos.

En fecha [ESPECIFICAR], mi mandante acudió a la entidad bancaria [NOMBRE ENTIDAD] a fin de solicitar un nuevo préstamo para adquisición de un vehículo, el cual necesitaba para acudir a su puesto de trabajo diariamente, dado que el suyo propio se había estropeado. Para sorpresa de mi representado, dicha solicitud de préstamo le ha sido denegada por encontrarse incluido en el conocido fichero de morosidad [NOMBRE FICHERO]. Dicha inclusión, sin fundamento alguno, ha ocasionado un grave perjuicio a mi patrocinado, que ha visto rechazada su solicitud de préstamo, cumpliendo todos los requisitos para su concesión, pues constaba que mi mandante en

[FECHA] había suscrito un contrato de préstamo con la [ENTIDAD], que debía ser abonada en [NÚMERO] cuotas mensuales, domiciliándose en la cuenta bancaria de mi mandante dichos pagos, no habiendo ido mi mandante nunca a dicha entidad bancaria a solicitar ningún préstamo.

En efecto, acompañamos como **documento n.º** [NÚMERO] la denegación del préstamo y la motivación («encontrarse incluido en un fichero de morosidad por un importe de [«ESPECIFICAR»).

Ante tal hecho, se puso en contacto con un despacho de abogados, que ejercitó el derecho de acceso a [FICHERO], informe que mostró, entre otras, los dos apuntes de [ENTIDAD].

SEGUNDO.- Ejercicios del derecho de supresión de los datos y nueva inscripción

Con el objetivo de evitar un mayor perjuicio al ya soportado, mi mandante tramitó el ejercicio del derecho de supresión ante el fichero [FICHERO], ejercitando el derecho recogido en el artículo 17 del Reglamento UE 2016/679, General de Protección de Datos (RGPD), encaminado a obtener la cancelación / supresión de datos en el registro de morosidad.

Se adjunta el correo enviado como **documento n.º** [NÚMERO].

La respuesta de [FICHERO] se recibió el día [FECHA], en la que indicaba que: «hemos trasladado su solicitud a la entidad [ENTIDAD], procediendo la misma a confirmar la existencia de la deuda y por tanto la permanencia de los datos en el fichero». Se adjunta la contestación como documento n.º [NÚMERO]

Por ende, la inscripción permaneció de forma indebida desde su registro, el día [FECHA], hasta una fecha indeterminada de baja, que esta parte desconoce.

Unos meses más tarde, mi mandante repitió el requerimiento a [FICHERO] a fin de suprimir sus datos, por ser la deuda inexistente, aportando los justificantes de pago del préstamo que había solicitado con [ENTIDAD], y finalmente se suprimieron los datos.

No obstante, mi representado ha estado durante [NÚMERO] años inscrito en un fichero sin ser su deuda cierta, vencida, exigible y definitiva. Ello implica que la demandada incumplió el principio de calidad de los datos, inscribiendo y manteniendo los datos de mi patrocinada en ficheros de solvencia patrimonial, aumentando de este modo el daño causado, la angustia y el perjuicio ocasionado.

TERCERO.- Sobre los perjuicios causados a mi mandante por encontrarse sus datos en ficheros de solvencia patrimonial

La inclusión ilegítima en los ficheros de morosidad atenta directamente contra la integridad de la imagen del afectado, causando un serio menoscabo a su percepción de solvencia y condenándolo a obtener, por parte de diferentes entidades, un trato desfavorable debido a su condición de moroso en virtud de su inclusión en ficheros de impagos.

Es decir, la mera inclusión afecta a la dignidad de mi mandante, perjuicio incrementado debido al tipo de entidades que consultan habitualmente estos ficheros de morosos, en su mayor parte de dedicadas a los sectores financiero, de seguros, suministros de energía, etc.

Conviene reseñar, por obvio, que mi mandante ha tenido que acudir a un despacho de abogados para que vele por sus intereses tanto en sede judicial como extrajudicial. Y ello sin contar que la demandada ha incluido a mi mandante, de manera ilegítima, tras mediar reclamación extrajudicial, es decir, estando la deuda en clara discusión.

Constando que la primera noticia que tiene mi mandante de su inclusión en los ficheros por parte de la demandada es la advertencia de una entidad financiera, así como los posteriores informes de los ficheros de morosidad, entendemos que la mercantil no ha cumplido con la exigencia legal requerida por la LOPDGDD.

Señala el apartado c) de esta art. 20 LOPDGDD que otro de los requisitos para la inclusión en un fichero de insolvencia es: «c) Que el acreedor haya informado al afectado en el contrato o en el momento de requerir el pago acerca de la posibilidad de inclusión en dichos sistemas, con indicación de aquellos en los que participe».

En el caso que nos ocupa, a esta parte no le consta que existiese preaviso de manera fehaciente de la incorporación de los datos a los ficheros, pese a que la mercantil demandada tiene la obligación legal de informar antes de proceder a la inscripción en los mismos, por lo que se habría incumplido el requisito legal exigido por nuestro ordenamiento jurídico y convertido en un requisito indispensable por la jurisprudencia del Alto Tribunal.

A los anteriores hechos resultan de aplicación los siguientes,

FUNDAMENTOS DE DERECHO

I.- JURISDICCIÓN Y COMPETENCIA

De conformidad con el artículo 9.2 de la Ley Orgánica del Poder Judicial (LOPJ), los Tribunales del orden civil conocerán, además de las materias que le son propias, de todas aquellas que no le estén atribuidas a otro orden jurisdiccional.

Corresponde la competencia objetiva a los Juzgados de Primera Instancia / las Secciones Civiles de los Tribunales de Instancia, según disponen los artículos 85.1 de la LOPJ y 45 de la Ley de Enjuiciamiento Civil (LEC).

En materia de derecho al honor, a la intimidad personal y familiar y a la propia imagen, será competente el tribunal del domicilio del demandante, en virtud del artículo 52.1.6.º de la LEC.

II.- CAPACIDAD Y LEGITIMACIÓN

Mi mandante es mayor de edad por lo que, conforme a los artículos 6.1.1.º y 7.1 de la LEC, dispone de la capacidad necesaria para ser parte actora en este proceso y para comparecer en juicio. La demandada tiene capacidad para ser parte en este proceso y para comparecer en juicio, conforme disponen los artículos 6.1.3º y 7.4 de la referida Ley, si bien, al tratarse de persona jurídica deberá comparecer quien legalmente la represente.

Conforme a lo establecido en el artículo 10 de la LEC, corresponde la legitimación activa a mi representada como titular del derecho lesionado y perjudicado por los daños cuyos perjuicios se reclaman en la presente; y la legitimación pasiva a la parte demandada, como autora de la conducta que provocó la sucesión de hechos, origen de la intromisión ilegítima cometida.

III.- INTERVENCIÓN DEL MINISTERIO FISCAL

Es pertinente la intervención del Ministerio Fiscal en el presente procedimiento, por venir así legalmente recogido en el artículo 124 de la Constitución Española, los artículos 1 y 3 del Estatuto Orgánico del Ministerio Fiscal y en el artículo 249.1.2º de la Ley de Enjuiciamiento Civil; en los asuntos que conozcan sobre tutela al Derecho al Honor, a la Intimidad y a la Propia Imagen, como parte de derechos fundamentales de la persona.

IV.- PROCEDIMIENTO

De conformidad con lo dispuesto en el artículo 249.1.2.º de la LEC, corresponde dar a la presente demanda la tramitación prevista para el juicio ordinario regulado en los artículos 399 y ss. LEC.

V.- REPRESENTACIÓN

Conforme a los artículos 23 y 31 LEC, se formula esta demanda a través de Procurador, y con dirección y asistencia letrada, cumpliéndose asimismo con los requisitos formales recogidos en el artículo 399 de la LEC.

VI.- CUANTÍA

Conforme al artículo 253 LEC, se hace constar que la cuantía de la presente demanda se determina en [CANTIDAD] EUROS, con base en la suma de los diferentes conceptos indemnizatorios amparados por ley para el caso en cuestión.

VII.- FONDO DEL ASUNTO

Primero.- De la vulneración de la LOPDGDD

Resulta de aplicación el art. 4.1 LOPDGDD que desarrolla el conocido principio de calidad de los datos y dice: «1. Conforme al artículo 5.1.d) del Reglamento (UE) 2016/679 los datos serán exactos y, si fuere necesario, actualizados».

Por su parte, el art. 20 de la LOPD «Sistemas de información crediticia», determina los requisitos para la inclusión en los ficheros, este establece textualmente:

«1. Salvo prueba en contrario, se presumirá lícito el tratamiento de datos personales relativos al incumplimiento de obligaciones dinerarias, financieras o de crédito por sistemas comunes de información crediticia cuando se cumplan los siguientes requisitos:

a) Que los datos hayan sido facilitados por el acreedor o por quien actúe por su cuenta o interés.

b) Que los datos se refieran a deudas ciertas, vencidas y exigibles, cuya existencia o cuantía no hubiese sido objeto de reclamación administrativa o judicial por el deudor o mediante un procedimiento alternativo de resolución de disputas vinculante entre las partes.

c) Que el acreedor haya informado al afectado en el contrato o en el momento de requerir el pago acerca de la posibilidad de inclusión en dichos sistemas, con indicación de aquéllos en los que participe. La entidad que mantenga el sistema de información crediticia con datos relativos al incumplimiento de obligaciones dinerarias, financieras o de crédito deberá notificar al afectado la inclusión de tales datos y le informará sobre la posibilidad de ejercitar los derechos establecidos en los artículos 15 a 22 del Reglamento (UE) 2016/679 dentro de los treinta días siguientes a la notificación de la deuda al sistema, permaneciendo bloqueados los datos durante ese plazo (...).

2. Las entidades que mantengan el sistema y las acreedoras, respecto del tratamiento de los datos referidos a sus deudores, tendrán la condición de corresponsables del tratamiento de los datos, siendo de aplicación lo establecido por el artículo 26 del Reglamento (UE) 2016/679.

Corresponderá al acreedor garantizar que concurren los requisitos exigidos para la inclusión en el sistema de la deuda, respondiendo de su inexistencia o inexactitud.

3. La presunción a la que se refiere el apartado 1 de este artículo no ampara los supuestos en que la información crediticia fuese asociada por la entidad

que mantuviera el sistema a informaciones adicionales a las contempladas en dicho apartado, relacionadas con el deudor y obtenidas de otras fuentes, a fin de llevar a cabo un perfilado del mismo, en particular mediante la aplicación de técnicas de calificación crediticia».

Segundo.- Sobre la indemnización por los perjuicios causados por la intromisión ilegítima al honor reconocido en el artículo 9.3 de la LO 1/1982, de 5 de mayo

Garantiza la Constitución Española, en su artículo 18.1, el derecho al honor, a la intimidad personal y familiar y a la propia imagen. En su desarrollo, la LO 1/1982, de 5 de mayo en su artículo 7 considera intromisión ilegítima al honor «la imputación de hechos o la manifestación de juicios de valor a través de acciones o expresiones que de cualquier modo lesionen la dignidad de otra persona, menoscabando su fama o atentando contra su propia estimación».

A la vista de los hechos, se ha producido una intromisión ilegítima al honor del demandante, y el artículo 9.3 de la LO 1/1982, de 5 de mayo reconoce el derecho a ser indemnizado por los perjuicios morales causados: «La existencia de perjuicio se presumirá siempre que se acredite la intromisión ilegítima. La indemnización se extenderá al daño moral, que se valorará atendiendo a las circunstancias del caso y a la gravedad de la lesión efectivamente producida, para lo que se tendrá en cuenta, en su caso, la difusión o audiencia del medio a través del que se haya producido».

La inscripción en el fichero de insolvencia implica imputar al actor el incumplimiento de una obligación pecuniaria la cual no resulta pertinente, a la vista de lo recogido en la LOPD, así como en la numerosa jurisprudencia, utilizando la inclusión en el fichero como una medida de presión del todo impertinente, con el descrédito que supone para su imagen.

Así, la **STS n.º 174/2018, de 23 de marzo, ECLI:ES:TS:2018:962,**, en el punto 4.º de su FD 3.º, en cuanto a la inclusión en registros de morosos cuando en los servicios prestados se han producido reiteradas irregularidades, matiza lo siguiente:

> «La inclusión en los registros de morosos no puede ser utilizada por las grandes empresas para buscar obtener el cobro de las cantidades que estiman pertinentes, amparándose en el temor al descrédito personal y menoscabo de su prestigio profesional y a la denegación del acceso al sistema crediticio que supone aparecer en un fichero de morosos, evitando con tal práctica los gastos que conllevaría la iniciación del correspondiente procedimiento judicial, muchas veces superior al importe de las deudas que reclaman.
>
> Por tanto, esta Sala estima que acudir a este método de presión representa en el caso que nos ocupa una intromisión ilegítima en el derecho al honor [...].
>
> La inclusión de los datos personales de la demandante en los registros de morosos, cuando se habían producido reiteradas irregularidades en la facturación de sus servicios, que provocaron las protestas de la demandante y la emisión de facturas rectificativas, y, en definitiva, determinaron la disconformidad de la cliente con el servicio prestado y con las facturas emitidas, puede interpretarse como una presión ilegítima para que la demandante pagara una deuda que había cuestionado, sin que existan datos que permitan considerar abusiva o manifiestamente infundada la conducta de la afectada»

En el asunto que nos ocupa, la deuda es inexistente e incierta. A la vista de los acontecimientos, y visto que la inclusión en el fichero de morosos se ha realizado de manera temeraria e ilegítima, procede fijar la cuantía de la indemnización recogida, entre otros, en el art. 82 del RGPD, así como en el artículo 9.3 de la LO 1/1982, de 5 de mayo.

Señala la precitada sentencia, además, que supone un menoscabo de los bienes ligados a la personalidad, como es la dignidad:

«En estos supuestos de inclusión de los datos de una persona en un registro de morosos sin cumplirse los requisitos establecidos por la LOPD, sería indemnizable en primer lugar la afectación a la dignidad en su aspecto interno o subjetivo, y en el externo u objetivo relativo a la consideración de las demás personas.

Para valorar este segundo aspecto ha de tomarse en consideración la divulgación que ha tenido tal dato, pues no es lo mismo que sólo hayan tenido conocimiento los empleados de la empresa acreedora y los de las empresas responsables de los registros de morosos que manejan los correspondientes ficheros, a que el dato haya sido comunicado a un número mayor o menor de asociados al sistema que hayan consultado los registros demorosos.

También sería indemnizable el quebranto y la angustia producida por las gestiones más o menos complicadas que haya tenido que realizar el afectado para lograr la rectificación o cancelación de los datos incorrectamente tratados».

La inclusión supone un desprestigio y deterioro de la imagen de solvencia que también hay que valorar observando el tiempo de permanencia en los citados ficheros desde [FECHA] hasta [FECHA].

Tercero.- Sobre las medidas que debía de adoptar la entidad financiera para evitar el daño

Entendemos que existe una vulneración del artículo 6 de la LOPDGDD ya que la entidad no adoptó las medidas que la diligencia al objeto de acreditar la identidad de la persona que contrata con ella y para garantizar que quien facilita como suyos datos personales es su verdadero titular.

En este sentido citamos la **STS n.º 1456/2021, de 13 de diciembre, ECLI:ES:TS:2021:4660**, que reza el tenor literal siguiente:

«(...) la intervención fraudulenta de un tercero, que suplanta la identidad de otra persona en una contratación on line, no excluye que la empresa contratante, que lleva a cabo el tratamiento de los datos personales, haya podido incurrir en infracción por falta del necesario consentimiento inequívoco que exige el artículo 6 de la Ley Orgánica 3/2018, de 5 de diciembre, pues aquella intervención fraudulenta de un tercero no implica por sí misma que la empresa contratante haya actuado con diligencia suficiente.

Lo anterior no significa que se haga recaer sobre la empresa contratante la responsabilidad de impedir que se produzca un hecho ilícito o delictivo, como es la utilización fraudulenta de un DNI por parte de quien no es su titular. Pero sí es exigible a dicha empresa contratante, como diligencia necesaria para que no se le pueda reprochar el incumplimiento de sus obligaciones en materia de protección de datos de carácter personal - tanto en lo que se refiere a la exigencia de consentimiento del interesado como en lo relativo al principio de veracidad y exactitud de los datos- la implantación de medidas de control y verificación tendentes a asegurar que la persona que pretende contratar es quien dice ser, esto es, que coincide con el titular del DNI aportado».

Cuarto.- Sobre la cuantificación de la indemnización por los daños y perjuicios causados

En atención a lo estipulado en la Sentencia del Supremo señalada en el hecho anterior y en virtud del art. 9.3 de la LO 1/1982, de 5 de mayo, de protección civil del derecho al honor, a la intimidad personal y familiar y a la propia imagen (LDPH), reclamamos una indemnización de [CUANTÍA] por daños morales y patrimoniales, a la vista de la efectiva intromisión ilegítima al honor de mi mandante, debido asimismo a las circunstancias del caso y a la lesión efectivamente producida, debiendo considerarse el acceso a dicho fichero por parte de diferentes compañías ya supone un menoscabo a la imagen del «incumplidor», reduciendo sus oportunidades de obtener mejores condiciones en los productos o directamente produciéndose su inaccesibilidad a determinados servicios.

Tal y como establece el artículo 9.3 de la LDPH, la indemnización del daño moral por intromisión ilegítima se valorará «atendiendo a las circunstancias del caso y a la gravedad de la lesión efectivamente producida, para lo que se tendrá en cuenta en su caso, la difusión o audiencia del medio a través del que se haya producido. También se valorará el beneficio que haya obtenido el causante de la lesión como consecuencia de la misma».

A tal efecto traemos a colación la **STS n.º 267/2023, de 20 de febrero, ECLI:ES:TS:2023:989**, que establece lo siguiente: «Dada la presunción *iuris et de iure*, esto es, no susceptible de prueba en contrario, de existencia de perjuicio indemnizable, el hecho de que la valoración del daño moral no pueda obtenerse de una prueba objetiva no excusa ni imposibilita legalmente a los tribunales para fijar su cuantificación, a cuyo efecto ha de tenerse en cuenta y ponderar las circunstancias concurrentes en cada caso. Se trata, por tanto, de una valoración estimativa, que en el caso de daños morales derivados de la vulneración de un derecho fundamental del art. 18.1 de la Constitución, ha de atender a los parámetros previstos en el art. 9.3 de la Ley Orgánica 1/1982, de acuerdo con la incidencia que en cada caso tengan las circunstancias relevantes para la aplicación de tales parámetros, utilizando criterios de prudente arbitrio».

El Tribunal Supremo, en su **STS n.º 174/2018, de 23 de marzo, ECLI:ES:TS:2018:962**, señala que «si la deuda es objeto de controversia, porque el titular de los datos considera legítimamente que no debe lo que se le reclama, la falta de pago no es indicativa de la insolvencia del afectado. Puede que la deuda resulte finalmente cierta y por tanto pueda considerarse como un dato veraz. Pero no era un dato pertinente y proporcionado a la finalidad del fichero automatizado, porque este no tiene por finalidad la simple constatación de las deudas, sino la solvencia patrimonial de los afectados. Por ello solo es pertinente la inclusión en estos ficheros de aquellos deudores que no pueden o no quieren, de modo no justificado, pagar sus deudas, pero no aquellos que legítimamente discrepan del acreedor respecto de la existencia y cuantía de la deuda».

Esta sentencia destaca, además, que «no cabe incluir en estos registros datos personales por razón de deudas inciertas, dudosas, no pacíficas o sometidas a litigio. Para que concurra esta circunstancia en la deuda, que excluya la justificación de la inclusión de los datos personales en el registro de morosos, basta con que aparezca un principio de prueba documental que contradiga su existencia o certeza».

Jurisprudencia reiterada por la **STS n.º 5596/2023, de 20 de diciembre, ECLI:ES:TS:2023:5596**, que acepta el hecho de que el apelante «desde el primer momento puso de manifiesto al acreedor sus divergencias...», al haber éste enviado una reclamación por medios telemáticos a la acreedora, ya que «el efecto que produce la falta de formalización de la oposición del deudor a través de los cauces institucionales (...) no va más allá de generar una presunción iuris tantum de licitud del tratamiento de dato». Es decir, que no se requiere el formalismo reflejado en el art. 20 LOPDGDD para considerar controvertida una deuda.

VIII.- COSTAS

Las costas han de imponerse a la parte demandada, en virtud del principio objetivo de vencimiento, de conformidad con lo establecido en el artículo 394 de la LEC. **(2)**

En virtud de lo anteriormente expuesto,

SUPLICO:

Que teniendo por presentado este escrito con sus documentos adjuntos, se admita, teniéndome por personado y parte en la representación acreditada de [CLIENTE], y por formulada **DEMANDA DE JUICIO DECLARATIVO ORDINARIO EN EJERCICIO DE ACCIÓN DE PROTECCIÓN DE LOS DERECHOS FUNDAMENTALES AL HONOR Y A LA PROTECCIÓN DE DATOS DE CARÁCTER PERSONAL Y CONSECUENTE INDEMNIZACIÓN DE DAÑOS Y PERJUICIOS**, estimándose íntegramente la misma y condenando a [ENTIDAD] al pago de una indemnización en concepto de daños morales y patrimoniales a mi cliente, de la suma de [CUANTÍA] por intromisión ilegítima, así como al pago de los intereses desde la presentación de la demanda y los procesales desde el momento en que se dicte resolución estimatoria, todo ello con imposición de costas a la parte demandada.

Es justicia que pido en [LOCALIDAD], a [FECHA]

[LETRADO/A] [PROCURADOR/A]

---

(1) Por la reforma realizada por la **LO 1/2025, de 2 de enero**, una vez implantados de forma efectiva los tribunales de instancia (**D.T. 1.ª**), todas las referencias realizadas a los juzgados unipersonales se entenderán realizadas a las secciones del orden jurisdiccional correspondiente de los tribunales de instancia.

(2) El art. 394 de la LEC ha sido objeto de modificación por la **LO 1/2025, de 2 de enero**, en vigor a partir de 03/04/2025.